W0252398

TOBIAS TEICHEN UND FRAUKE TEICHEN

KEINE ANGST VOR KONFLIKTEN

SCM
R.Brockhaus

SCM

Stiftung Christliche Medien

SCM R.Brockhaus ist ein Imprint der SCM Verlagsgruppe, die zur Stiftung Christliche Medien gehört, einer gemeinnützigen Stiftung, die sich für die Förderung und Verbreitung christlicher Bücher, Zeitschriften, Filme und Musik einsetzt.

© 2018 SCM R.Brockhaus in der SCM Verlagsgruppe GmbH
Max-Eyth-Straße 41 · 71088 Holzgerlingen
Internet: *www.scm-brockhaus.de* | E-Mail: *info@scm-brockhaus.de*

Die Bibelverse wurden, soweit nicht anders angegeben,
folgender Ausgabe entnommen:
Neues Leben. Die Bibel, © der deutschen Ausgabe 2002 und 2006 SCM R.Brockhaus in der SCM Verlagsgruppe GmbH, Witten/Holzgerlingen

Weiter wurden verwendet
Elberfelder Bibel 2006, © 2006 by SCM R.Brockhaus in der SCM Verlagsgruppe GmbH, Witten/Holzgerlingen. (ELB)

Hoffnung für alle ® Copyright © 1983, 1996, 2002, 2015 by Biblica, Inc.®. Verwendet mit freundlicher Genehmigung des Herausgebers Fontis – Brunnen Basel. (HFA)

Bibeltext der *Schlachter Bibelübersetzung*, Copyright © 2000 Genfer Bibelgesellschaft. Wiedergegeben mit freundlicher Genehmigung. Alle Rechte vorbehalten. (SCHL)

Co-Autorin: Claudia Elsen, München
Bildmaterial: gesamtes Bildmaterial darf mit Lizenz
von Michael Géréon verwendet werden
Gesamtgestaltung: Sophia Langner, Michael Géréon, München
Druck und Bindung: Finidr s.r.o.
Gedruckt in Tschechien
ISBN 978-3-417-26857-7
Bestell-Nr. 226.857

STIMMEN ZUM BUCH

»Der Zeitgeist vermittelt uns: Wenn es dir mit jemandem zu anstrengend wird, dann such dir einen neuen Freund, einen neuen Ehepartner, eine neue Arbeitsstelle. Aber Gott sagt das nicht! Er sagt: ›Such mich! Ich helfe dir in deinem Beziehungsleben.‹ Wie das praktisch funktioniert, zeigen Tobias und Frauke Teichen eindrücklich in diesem Buch. Ich kann euch nur empfehlen: Legt die Klatschblätter zur Seite, schaltet den Fernseher aus, denn dieses Buch zeigt auf eine zeitgemäße Art und Weise, wie wir auch heutzutage Gottes Beziehungs-Know-how anwenden können.«

Artur Siegert

Leitender Pastor der Kirche für Oberberg und Gründer des K5-Leitertrainings

»›Ja, mit Gottes Hilfe!‹ Eine Floskel vor dem Traualtar? Nein. Denn mit Gottes Hilfe können Beziehungen gelingen, ein Leben lang! Davon sind Frauke und Tobias Teichen überzeugt. Ehrlich und offen erzählen sie auch von eigenen Krisen und wie sie erlebt haben, dass Gott ihnen in schwierigen Zeiten immer zur Seite stand. Bibelbezogen, mit dem Blick für Konfliktfallen und hilfreichen Tipps: So wird dieses Buch zu einem Beispiel dafür, dass Gottes Ideen für unsere menschlichen Verbindungen immer noch aktuell und relevant sind.«

Christoph Stiba

Präsident der Vereinigung Evangelischer Freikirchen (VEF) und Generalsekretär des Bundes Evangelisch-Freikirchlicher Gemeinden (Baptisten- und Brüdergemeinden) in Deutschland K.d.ö.R

»Ich habe wunderbare, begabte und liebenswerte Leute kennengelernt, die es kaum schaffen, Konflikte gut anzugehen und zu klären. Konflikte markieren ihre persönliche Wachstumsgrenze. Dieses Buch ist weit mehr als ein weiterer Ratgeber. Es ist ehrlich, persönlich, biblisch fundiert und deswegen hilfreich. Lesen und Umsetzen ist angesagt.«

Ansgar Hörsting

Präses des Bundes Freier evangelischer Gemeinden

INH

NAGEL
PISTOLE

Merry Christmas
Merry Christmas
CHEESE!

EINLEITUNG

BEZIEHUNGEN - (K)EINE HEILE WELT

Familie Mustermann lässt grüßen

»Wer ist schon einmal von anderen Menschen enttäuscht worden?«, frage ich gerne am Anfang einer Predigt, in der es um Beziehungsfragen geht. Und alle Arme gehen nach oben. Woher kommt das? Weil wir tief in uns drin und unterbewusst immer noch an den perfekten Menschen glauben: Maik Mustermann! Den Vorzeigechristen mit der perfekten Frau: Maike Musterfrau. Sie haben zwei liebenswürdige Kinder, Mirko und Mareike Musterkind. Jeden Sonntag geht die Musterfamilie in ihre vorbildliche Kirchengemeinde. Alle helfen sich untereinander und sind jederzeit füreinander da. Die Mustermanns führen gemeinsam und in Harmonie mit ihren liebenswerten und total trendigen Musterfreunden in ihrer mustergültigen Vorstadtvilla ein christlich vorbildliches Leben bis ans Ende ihrer Tage! Toll, oder?

Ich weiß nicht, wie es dir geht, aber ich persönlich kenne keine Mustermanns, auch wenn es auf Facebook oder Instagram manchmal so aussieht, als würde es sie geben. Denn da wimmelt es nur so von glücklichen Familienfotos und coolen Bildern, die jemand grad bei seinem Extremsport-Hobby schießt.

Gerne kommen einem dann die Gedanken in den Kopf: »Mann, bei denen ist alles ›Happy Clappy‹! Bei mir nicht! Um mich herum sind nur Vollpfosten, die mich ärgern und verletzen. Aber ganz ehrlich, man braucht schon viel Faith, um zu glauben, was auf Facebook steht. Ich poste auch nicht mein verbranntes Essen, sondern lieber das Gourmetgericht, das mir meine Frau gezaubert hat. Kommt besser an: »Oh, Mann, die Teichens, was hat es der Tobi gut, dass seine Frauke so liebevoll für ihn kocht!« (Psst ... Geheimnis – Es gibt auch Tage, da muss ich mir mein Butterbrot selber schmieren – aber die olle Stulle poste ich natürlich nicht.) Übrigens, falls du keine Kinder hast, solltest du noch eines wissen, bevor du dir bei Instagram wieder so ein fröhliches Familienfoto ansiehst. Ich kenne kein Foto, das nicht durch Bestechung entstanden ist. Das läuft dann etwa so: »Komm, Kai-Uwe schau doch kurz freundlich, dann bekommst du auch was Schönes!«

BEZIEHUNG STARTEN IST NICHT SCHWER …

Was ich damit sagen will: Beim Nachbarn ist das Gras nicht grüner, und es gibt keinen perfekten Menschen, auch wenn das manchmal so wirkt. Jeder ist normal, bis du ihn kennenlernst. Egal ob in Freundschaften, bei der Arbeit oder in deiner Kirche. Also ist es normal und nur eine Frage der Zeit, bis du von diesen unperfekten Menschen um dich herum enttäuscht wirst und sich daraus Konflikte entwickeln. Das ist ein Fakt! Die Frage, die du dir stellen solltest, ist, wie du damit umgehst. Stellst du dich den Konflikten? Auf eine konstruktive Art und Weise? Rennst du lieber weg? Oder haust du drauf? Damals in meiner Arbeit als Lehrer habe ich festgestellt, dass viele meiner Schüler bei dem kleinsten Problem in ihren Beziehungen davongerannt sind. Durchhalten, an der Beziehung arbeiten, das stand nicht auf dem Stundenplan:

Da ging in der ersten Pause Marvin mit Yvonne und in der zweiten Pause schon mit Jasmin. Auf meine Frage nach dem Warum kamen dann Antworten wie: »Die wollte nicht mit mir in die Raucherecke – da habe ich keinen Bock drauf und deshalb Schluss gemacht!« Auch wenn das jetzt ein überspitztes Beispiel ist, meine Meinung ist, dass in unserer Gesellschaft oft nach den folgenden Schritten Beziehungen geführt werden:

1.
FINDE DIE RICHTIGE PERSON

2.
VERLIEBE DICH IN SIE

3.
PROJIZIERE ALLE DEINE ERWARTUNGEN UND WÜNSCHE AUF SIE: SIE HAT SIE ZU ERFÜLLEN.

4.
WENN DAS NICHT FUNKTIONIERT, DANN LASS ES SEIN UND WIEDERHOLE SCHRITT **1, 2** *UND* **3.**

(Diese Schritte übertragen viele auch auf ihre Freundschaften, Kirchen und Jobs.)

BOSS

... sie durchzuhalten umso mehr

Frauke und ich wollten unsere Beziehung nicht so führen. Und glaub mir, wir waren in unserer Ehe schon in einigen Sackgassen, und es gab genug Momente, in denen wir gerne Schritt 1–3 wiederholt hätten. Aber wir haben damals tief in uns drin gewusst, dass das nicht die Lösung sein kann. Egal wie verfahren die Situation war. Meistens ist es ja so, dass es nicht die großen Dinge sind, aus denen sich ein Streit entwickelt. Es sind die Kleinigkeiten, die zum Konflikt führen: Die offene Zahnpastatube, die Socken unterm Sofa oder die Schuhe des Partners, die den gemeinsamen Schuhschrank vollmüllen. Dass man sich grundsätzlich treu ist, sich gegenseitig hilft und arbeiten geht, also die wirklich wichtigen Dinge, vergisst man dann gerne.

Zu unseren Aufgaben als Pastoren gehört auch, dass wir Ehecoaching anbieten. Bei den Paaren, die zu uns kommen, und auch in unserer Ehe sind es zu neunzig Prozent die Kleinigkeiten, die der Auslöser für richtig heftige Konflikte waren und die dann letztendlich zur großen Distanz zwischen den Partnern führen. Deshalb möchten wir dir mal so ein typisches Alltagsbeispiel aus unserem Leben erzählen. Da ich das Buch nicht alleine schreibe, gebe ich hier mal ab an meine Frau:

Ein großer Streitpunkt in den ersten Jahren unserer Ehe war Tobis Unordnung (oder Fraukes perfektionistischer Ordnungssinn). *Ich mag es einfach nicht, wenn die Dinge überall herumfliegen. Wir hatten folgende Arbeitsteilung bei der Wäsche: Ich habe sie gewaschen und zusammengelegt und Tobis Stapel dann vor den Kleiderschrank auf einen Stuhl abgelegt. Tobis Fächer waren die obersten im Schrank, zu denen ich ohne Stuhl nicht hinkam. Seine Aufgabe war also: Seine Wäsche einfach reinlegen! Konnte ja nicht so schwer sein, oder? Zumindest durch meine damalige Brille gesehen.*

Aber als der Stapel immer größer wurde, schließlich umkippte und alles chaotisch auf dem Boden lag, sind meine Sicherungen durchgebrannt und ich bin ausgeflippt!

Ich habe ja verstanden, dass Frauke die Wäsche auf dem Boden doof fand, aber ich fühlte mich ungerecht behandelt! »Mann, Frauke weiß doch, wie ich bin! Ich sehe so was nicht!« Ich bin nämlich eine Person, die keinen Sinn für Details hat und solche Dinge einfach übersieht – aber nicht aus Bösartigkeit.

Gehen Frauke und ich spazieren und tauschen uns danach darüber aus, was wir gesehen haben, werden unsere unterschiedlichen Persönlichkeiten deutlich: Frauke sieht die schöne Blume am Weg. Sie freut sich, weil sie vielleicht sogar einen Frosch beobachtet hat, der über einen Grashalm gesprungen ist. Ich sehe das nicht. Mir fallen die Berge und die Wolken auf. Ich schau einfach in die Weite.

Weil ich so bin, habe ich mich damals von Frauke ungerecht behandelt gefühlt. »Dass sie mich jetzt so anmotzt, nur weil ich die Wäsche nicht weggeräumt habe! Die muss mich doch kennen, sie ist doch meine Frau!«, schimpfte ich innerlich.

Aber da sind wir schon beim ersten Problem: Sie ist eine Frau, ich ein Mann. Wir sind komplett unterschiedlich. Zwei völlig konträre Typen mit verschiedenen Persönlichkeitsmerkmalen. Natürlich zog sich dieser Konflikt über einige Zeit hin, aber wir waren uns in einer Sache einig: Wir wollten natürlich nicht rausgehen und uns einen anderen Partner suchen, der besser passt! (Ich weiß außerdem nicht, ob es so gut gewesen wäre, wenn ich mir eine unordentlichere Frau als Frauke gesucht hätte ...)

Wir wollten etwas ändern. Wenigstens in diesem Punkt waren wir uns einig.

Meine Mutter ist Familientherapeutin, und von ihr habe ich viel gelernt. Unter anderem: »Hör dem anderen zu! Versteh seine Sicht auf die Dinge!« Also versuchte ich das und hörte Tobi zu, warum er die Wäsche übersah. Das fiel mir echt schwer. »Gut«, dachte ich, »Tobi sagt, dass er die Wäsche nicht sieht.« So wie ich ticke, kann ich das erst mal nicht verstehen. »Das gibt es doch nicht! Das muss man doch sehen!«, schoss es mir durch den Kopf. Und sofort hat die Lunte angefangen zu brennen. Genau dieses Denken musste ich ausstellen. Ich musste lernen, zu denken: »Doch, Frauke – das gibt es! Ich darf nicht von mir auf andere schließen! Tobi ist anders als ich!« Mich in den anderen hineinzuversetzen und seine Sicht auf die Dinge zu verstehen, war eine große Herausforderung für mich. Ich habe mich bewusst entschieden, Tobi zu glauben. Er ist anders. Als Person denkt und funktioniert er eben ganz anders als ich.

Umgekehrt habe ich versucht, zu verstehen, wie wichtig Ordnung für Frauke ist. Ihr Persönlichkeitstyp fühlt sich unwohl, wenn alles unordentlich herumliegt. Wie haben wir nun eine Lösung gefunden? In diesem Fall sind wir selber darauf gekommen.

Ich hatte die Idee, dass ich Tobi die Wäsche aufs Kopfkissen lege, denn da muss er sie sehen, wenn er ins Bett geht.

Und ich habe mich entschlossen, mich nicht über die Wäsche auf dem Kissen zu ärgern, sondern die Erinnerungshilfe von Frauke an mich positiv zu werten. Das funktioniert gut. Frauke hilft mir, die Wäsche zu sehen und die Ordnung zu halten, die mir eigentlich auch gefällt. Ich helfe ihr, ihre Ordnung zu bekommen, und erinnere sie aber auch daran, sich nicht zu sehr in den Details zu verlieren. Denn das kann auch stressig sein.

Unsere Geschichte über den Streitpunkt Ordnung zeigt: Je mehr Pixel man von einem Bild hat, in dem Fall von seinem Gegenüber, desto klarer sieht man das große Ganze. Man wird zum Team und begreift die Andersartigkeit des anderen nicht mehr als Nachteil, sondern als Vorteil. Ich bin heute in vielen Punkten dankbar, dass Frauke anders ist als ich. Denn ich kann und konnte viel von ihr lernen, und das hat mein Leben bereichert. In unserer Beziehung habe ich unter anderem gelernt, konstruktiv zu streiten. Mit der Zeit habe ich so das Gute in Konflikten entdeckt. Dass ich sie heute sogar mag, hätte ich vor zehn Jahren niemals gesagt. Damals habe ich mich vor den meisten Aussprachen gedrückt und zu allem Ja und Amen gesagt. Vor allem dann, wenn ich Konfrontationen mit Menschen hatte, die mir sehr nahe waren. Unbewusst spürte ich die Angst, dass der Streit eskalieren und der andere sich danach von mir abwenden könnte. Meinem Mathelehrer konnte ich die Meinung sagen. Das fiel mir leicht. Wäre er aus meinem Leben verschwunden, wäre es kein Verlust gewesen. Aber bei Freunden oder Verwandten habe ich lieber die Klappe gehalten und innerlich gelitten. Streit mit Freunden oder innerhalb der Familie empfand ich als etwas Bedrohliches.

Als Frauke mit einem »BÄM« in mein Leben trat, habe ich mich nicht nur schlagartig in sie verliebt, sondern durch ihre konfliktfreudige Persönlichkeit eine ganz andere Art kennengelernt, wie Beziehungen trotz Meinungsverschiedenheiten gelingen können.

Meinungsverschiedenheiten sind für mich grundsätzlich erst mal etwas Positives! Als bedrohlich empfinde ich sie nicht. Warum? Wie ein Gewitter reinigen sie die Luft. Ich habe im Laufe meines Lebens erfahren, dass die Beziehung zum Gegenüber nach einem Konflikt oft besser und tiefer war. Man hat sozusagen einmal Großputz gemacht: Der ganze Dreck ist endlich draußen und es ist wieder herrlich sauber. Man fühlt sich wieder wohl in seinem Lebenshaus

und im Miteinander. Aber auch wenn es mir persönlich leichtfällt, ein Problem offen anzusprechen, musste ich über die Jahre einiges lernen. Wenn mich etwas nervte, habe ich es früher einfach schnell und emotional »rausgehauen«. Danach war für mich die Sache erledigt, doch für meine Konfliktpartner eben nicht unbedingt. Tobi z. B. hat sich nach einem Streit gerne in sich zurückgezogen. Er hat länger gebraucht, meinen Vulkanausbruch zu verdauen. Darüber habe ich mich gewundert, denn für mich war das Problem ja ausgesprochen und damit geklärt.

Aus meiner Familie kannte ich dieses Rückzugsverhalten einfach nicht. Vor allem meine Mutter und ich diskutieren alles aus. Nach dem Motto: Wenn man ein Problem mit dem anderen hat, dann spricht man es an. Dann kommt es vielleicht zu hitzigen Diskussionen, aber danach ist es vom Tisch. Umgekehrt gab es aber auch in meiner Familie das ungeschriebene Gesetz: »Sagt man nichts, dann ist auch nichts.« Ich fand das immer sehr entlastend. Doch ich musste lernen, dass diese Streitkultur nicht für alle gilt. Es gibt Menschen, die sich aufgrund diverser Umstände und Erlebnisse scheuen, die Sache beim Namen zu nennen und unangenehme Wahrheiten auszusprechen.

EINE CHANCE ZUR VERÄNDERUNG

Tobi hat ja schon zwei Bücher geschrieben, und als er mit dem Vorschlag kam: »Frauke, wollen wir das nächste Buch gemeinsam schreiben«, reagierte ich erst etwas zurückhaltend. Aber als er mir erzählte, dass er über das Thema »Wie gute Beziehungen möglich sind und wie man Konflikte mit göttlichen Prinzipien lösen kann« schreiben will, habe ich doch noch mal darüber nachgedacht, denn das Thema ist mir schon immer sehr wichtig gewesen. Ich habe mich also entschlossen, mitzumachen. In den letzten Jahren habe ich viel in diesem Bereich erlebt, eigene Erfahrungen gesammelt und Seminare besucht. Auch in meiner Arbeit in unserer Kirche[1], überhaupt mit Menschen, bin ich oft mit dem Thema in Berührung gekommen. Ein Bereich liegt mir dabei besonders auf dem Herzen: Oft erlebe ich, dass Menschen Konflikte nicht angehen, Dinge unter den Teppich kehren und nicht ehrlich miteinander sind. Es ist heute leider normal, lieber hinter dem Rücken übereinander zu reden, statt klar und liebevoll die Dinge anzusprechen, die einem nicht gefallen. Ein direktes Feedback ist mir persönlich meist relativ leichtgefallen. Vielleicht ist es mir deshalb auch aufgefallen, dass es in unserer Gesellschaft oft anders läuft und es an der Tagesordnung ist, lieber übereinander statt miteinander zu reden.

Ich erinnere mich da an eine Geschichte aus meinem Berufsleben. Damals habe ich noch nicht in der Kirche, sondern in einem Unternehmen gearbeitet. Es gab dort eine Frau, die zu einem Vorstellungsgespräch eingeladen war. Sie präsentierte sich grandios. Sie war eloquent, fachlich bestens ausgebildet und sehr sympathisch. Aber sie hat den Job trotzdem nicht bekommen, denn sie roch extrem nach Schweiß. Mit einem unpersönlichen Brief bekam sie die Absage. Ich fand das so unfair! Woher sollte denn die Bewerberin wissen, was falsch gelaufen war? Ich habe mir vorgestellt, wie sie zu Hause sitzt, sich über die Absage wundert und vielleicht denkt: »Ich bin anscheinend nicht qualifiziert genug.« Dabei war das gar nicht der Grund. Man hat ihr mit dieser unpersönlichen Absage die Chance genommen, an ihrem Problem zu arbeiten, denn vielleicht war es ihr gar nicht bewusst. Ich bin der festen Überzeugung, dass es auch in solchen Situationen möglich ist, einer Person liebevoll die Wahrheit zu sagen: Ihr die Chance zur Veränderung durch ein ehrliches, aber wohlmeinendes Feedback zu geben. Wäre ich in der Personalabteilung gewesen, hätte ich ihr gesagt, dass sie fachlich überzeugt, aber dass wir ihr ehrlich mit auf den Weg geben möchten, dass uns ihr starker Körpergeruch aufgefallen ist. Ähnlich wie in der Situation mit der Bewerberin ist es auch in Beziehungen, Freundschaften und in der Kirche. Lästern wir, sind nicht ehrlich zueinander und geben uns kein liebevolles Feedback, dann treten wir auf der Stelle und nehmen uns die Möglichkeit, unsere Probleme anzugehen.

Was uns wichtig ist

Wir wünschen uns, dass dieses Buch für dich ein Ideengeber ist, der dir hilft und Mut macht, dich dem Thema »Wie lebe ich Beziehungen mit Gottes Hilfe und wie gehe ich mit Konflikten auf eine göttliche Art und Weise um« anzunähern. Es gibt aber zu jedem Bereich, den wir ansehen, noch so viel mehr zu entdecken. Viele Facetten, die wir im Rahmen dieses Buches gar nicht betrachten können oder sogar selber noch nicht kennen, denn auch wir sind immer noch auf dem Weg, haben unsere Herausforderungen, besuchen Seminare und lernen stets dazu. Wenn dich also eine Idee anspricht, dann empfehlen wir dir, tiefer zu graben. Es gibt so viel zu diesem Thema zu erforschen.

»JA, MIT GOTTES HILFE!«

Wir haben und hatten so einige Baustellen in unserer Ehe. Wir sind nicht Frauke und Tobias Mustermann, und das ist auch gut so. Denn ich bin der Meinung, dass Gott diese Andersartigkeit zwischen uns bewusst mit eingeplant hat, damit wir voneinander lernen und uns dadurch gegenseitig weiterentwickeln können. Oft haben wir das nicht allein geschafft, deshalb sind wir schon in den ersten Ehejahren zum Ehecoaching gegangen. Nicht, weil wir kurz vor der Scheidung standen, sondern weil meine Schwiegereltern uns dazu inspiriert haben. Sie sind der Meinung, dass man sein Auto ja auch regelmäßig zum Service bringt – warum sollte man das dann nicht auch mit der Ehe machen? Fraukes Eltern schenkten uns also Ehewochenenden. Einer der Kurse, die wir besuchten, war ein christliches Ehecoaching bei Manfred Engelis LISa Eheatelier[2]. Als Psychologe und Psychotherapeut widmet Manfred sich der christlichen Eheseelsorge und gibt Kurse dazu. Er hat uns erlaubt, seine Forschungsergebnisse, Ideen und Bilder[3] in diesem Buch zu nutzen. Dafür möchten wir uns herzlich bedanken. In seinem Kurs wurde uns unter anderem deutlich gemacht, was es bedeutet, wenn Mann und Frau sich vor dem Traualtar das Eheversprechen »Ja, mit Gottes Hilfe!« geben. Ich hatte schon vor unserer Hochzeit eine lebendige Gottesbeziehung, habe im Dialog gebetet[4] und versucht nach göttlichen Prinzipien zu leben. Aber dass man Gott mit in die Ehe nehmen kann und damit sozusagen eine Ehe zu dritt führt, klang für mich damals erst mal komisch. Mittlerweile weiß ich, dass Gott eine große Rolle spielt – auch in meiner Ehe. Er sagt ja nicht: »Ach Tobias, für deine Ehe und deine Sexualität interessiere ich mich nicht. Ich kümmere mich nur um deine Einsätze in der Kirche, und vielleicht bin ich auch mal da, wenn du krank bist.«

Nein, Gott interessiert sich für jeden unserer Lebensbereiche und kümmert sich auch um unsere Ehe, unsere Freundschaften und unsere Konflikte. Er ist ein Beziehungswesen und hat uns nach seinem Ebenbild geschaffen.[5] Er ist daher der größte Fachmann für gelungene, aufblühende Beziehungen. Wir müssen ihn aber dazu einladen, mit in unsere Beziehungen zu kommen. Diese Erkenntnis aus den Ehekursen war für mich revolutionär.

Ich versuche heute aktiv, Gott in jeden Lebensbereich einzuladen. In diesem Buch werden Frauke und ich dir auch verraten, was genau seine Rolle in unseren Beziehungen ist.

Meine Eltern haben mir vorgelebt, was es heißt, zusammen mit Gott Ehe zu führen. Das war für mich normal. Aus diesem Grund habe ich schon gewusst, was es bedeutet, wenn ich vor dem Traualtar vor Gott »Ja« zu Tobi sage. Aber es vorgelebt zu bekommen und es dann selber zu leben, sind doch zwei Paar Schuhe. Ich erinnere mich an eine Situation, in der diese Tatsache richtig in meinem Herzen angekommen ist. Tobi und ich hatten einen schweren Streit, die Fetzen flogen, und unsere Herzen waren kilometerweit voneinander entfernt. Ganz ehrlich: Es war keine Liebe mehr füreinander da. Wir waren ziemlich am Ende.

Da hatte ich die Idee, zu beten und Gott zu fragen, was wir machen könnten, und bekam folgende Antwort in Form eines Blitzgedankens: »Erzählt euch gegenseitig, in welche Eigenschaften des anderen ihr euch damals verliebt habt!« In diesem Moment war das seltsam, denn es passte gar nicht zu unserer angespannten Situation. Fünf Minuten zuvor hatten wir uns noch angeschrien. Es kostete einiges an Überwindung, aber dann erzählten wir uns, warum wir uns damals ineinander verliebt hatten. Auch wenn es etwas knarzig begann, war es die richtige Medizin. Uns wurde wieder bewusst, was wir aneinander hatten und liebten. Gott hat uns wachgerüttelt, und es kam wieder zum Vorschein, was tief in uns verborgen war. Das bedeutet zum Beispiel »Ja, mit Gottes Hilfe!« für mich. Denn alleine wäre ich wohl nicht darauf gekommen.

Gott kennt unsere Herausforderungen. Wenn du in Beziehungsproblemen steckst, können wir dich nur ermutigen, nah an Gott zu bleiben. Wir haben die Erfahrung gemacht, dass er uns in unserer Ehe nie im Stich lässt. Immer, wenn wir nicht mehr weitergewusst haben und ihn um Hilfe gerufen haben, hat er uns geholfen. Wir dürfen das annehmen und für uns in Anspruch nehmen. Es ist sogar ein göttlicher Wunsch, dass wir Menschen in Gemeinschaft sind und bleiben. Jesus sagt dazu ganz deutlich:

Jetzt verlasse ich die Welt; ich lasse sie (uns Menschen) zurück in der Welt und komme zu dir. Heiliger Vater, bewahre sie in deinem Namen, den du mir gegeben hast, damit sie eins sind, so wie wir eins sind.

Johannes 17,11

Jesus sind Beziehungen sehr wichtig. So wichtig, dass er sogar dafür betet, kurz bevor er diese Welt verlässt. Er ist ein Mensch gewesen und hat selbst erlebt, wie schwer es den Menschen fällt, miteinander zurechtzukommen. Er weiß, dass auf dieser Welt keine Mustermanns leben. Er kennt unsere Sorgen, Nöte und Herausforderungen, die wir in unseren Beziehungen haben. Aus diesem Grund ist ihm bewusst, dass es für uns nicht einfach ist, dauerhaft in Gemeinschaft zu bleiben. (Du erinnerst dich an Marvin und Jasmin ... Ach nee, warte mal – mittlerweile ist er mit Alexa zusammen.)

Seid stattdessen freundlich und mitfühlend zueinander und vergebt euch gegenseitig, wie auch Gott euch durch Christus vergeben hat.

Epheser 4,32

Damit dauerhafte Beziehungen möglich sind, nennt er uns in der Bibel zahlreiche göttliche Ideen wie Vergebung, Ehrlichkeit oder das richtige Timing zur Konfliktlösung, die ich dir, zusammen mit vielen anderen Prinzipien, noch vorstellen werde.

Alle Prinzipien, die wir dir in diesem Buch vorstellen, kannst du immer auf alle Arten von Beziehungen anwenden.

Die Tipps, die wir dir geben, kannst du ebenfalls auf alle Konfliktebenen anwenden. Viele Punkte, wie zum Beispiel Vergebung, tauchen immer wieder auf, werden aber auch immer weiter vertieft. Wir wünschen uns, dass du das Buch nicht linear verstehst – nach dem Motto: Vergeben kann ich nur anderen Menschen. Lektion verstanden, Vergebung abgehakt. Nein, du kannst auch dir und sogar Gott vergeben. Manchmal musst du auch demselben Menschen mehrmals das Gleiche vergeben. Sieh die Tipps besser als Spirale, je öfter du sie anwendest und je mehr du an der (Beziehungs-) Spirale drehst, desto tiefer geht sie in den Boden und desto fester sitzt sie.

KEINE ANGST VOR KONFLIKTEN

So schön das Leben der Mustermanns auf den ersten Blick auch scheint, eigentlich ist es ganz schön langweilig. Stell dir vor, du bist im Kino und schaust dir folgendes Mustermovie an:

Johny und Jenny lernen sich kennen. Sie verlieben sich sofort. Die Eltern auf beiden Seiten sind begeistert von der Verbindung. Das junge Paar heiratet. (Und das Ganze über 90 Minuten erzählt.)

Spannend, oder? Würdest du dafür Geld bezahlen? Was für eine langweilige Kiste! ÖDEEEEEEE

Würde dir der Film hier besser gefallen?

Johny lernt Jenny kennen. Es ist beidseitig Liebe auf den ersten Blick. Doch Johny ist der Sohn eines verfeindeten Familienclans von Jennys Sippe. Eine richtige Romeo-und-Julia-Story beginnt. Die Eltern versuchen alles, damit die beiden nicht zueinander finden. Sie sperren Jenny ein, doch Johny findet einen Weg, mit ihr zu sprechen. Sie verabreden eine gemeinsame Flucht. Die gelingt. Die Eltern bemerken ihren Fehler und gestehen ihn ein. Sie suchen und finden die beiden und geben ihren Segen. Und Juhuuu: Das ersehnte Happy End ist da.

Besser, oder? Das bedeutet für mich: Ein Film ohne Konflikte funktioniert nicht, denn sie gehören zur Reise des Helden dazu. Er muss sich der Herausforderung stellen uv Nein, spannend für mich ist: Bleiben Marvin und Ute zusammen? Und wenn ja, wie schaffen sie das?

Eins habe ich im Laufe meiner Ehe, aber auch in Freundschaften und im Berufsleben gelernt: Ohne Gottes Prinzipien kommen wir in Beziehungen aller Art und in Konflikten schnell ans Limit. Doch um die Prinzipien zu kennen und anzuwenden, reicht es leider nicht, nur ein Buch zu lesen. Tut mir leid! Du solltest sie aktiv in deinem Beziehungsleben anwenden, dann kannst du dich und deine Beziehung auf ein höheres Level bringen. Wie das praktisch funktioniert, möchten wir dir mit diesem Buch zeigen.

Beginnen wir aber im nächsten Kapitel erst mal mit den typischen Konfliktfallen. Vielleicht kennst du sie ja und hast sie in deiner Partnerschaft oder auch in Gemeinschaft mit anderen Menschen schon erlebt.

Neulich im Paradies… »Und Adam wählte für jedes Tier einen Namen.«
1. Mose 2:19
Romeo & Julia

Ping & Pong
Rex & Roxy
Franz
& Sissi
Adam & ?

TEIL 1

BEZIEHUNG MIT DIR SELBER, MIT GOTT UND MIT ANDEREN

1.

EINE FORMEL FÜR BEZIEHUNGEN

Gott, warum hast du mir diese Frau gegeben?
»Hammer, wir gehören zusammen« – weißt du noch?

DIE TYPISCHEN BEZIEHUNGSFALLEN

Meinungsverschiedenheiten und Konflikte gibt es in jeder Beziehung. Doch anstatt uns konstruktiv miteinander auseinanderzusetzen, tappen viele von uns immer wieder in dieselben Verhaltensfallen. Ich möchte dir mal einen Wortwechsel zeigen, wie er überall in Beziehungen vorkommen kann. Du kannst ihn in WGs, im Job, in Freundschaften oder wie im folgenden Beispiel in der Ehe finden:

Da sagt die Frau zu ihrem Mann: »Gestern hast du wieder nicht den Müll rausgebracht und letzte Woche das Treppenhaus auch nicht geputzt! Mann, das nervt! Das ist doch dein Job!«

»Entschuldige bitte«, erwidert der Mann. »Du hast aber doch auch nicht die Blumen gegossen, und deine Post liegt hier immer noch rum!«

Das lässt der weibliche Part dieser Beziehung nicht auf sich sitzen, prompt erwidert die Frau: »Seit drei Wochen willst du dir mein Computer-Problem ansehen. Und was ist passiert? Nichts! Du bist schuld, dass ich nicht richtig arbeiten kann.«

Dieser Dialog erinnert mich an eine Waage. Einer wirft Vorwürfe in die Waagschale, und der andere legt auf der anderen Seite nach, sodass die Waage immer hin- und herwippt. Das kann endlos so gehen, sodass die Waage nie ausgeglichen ist, weil immer wieder nachgelegt wird. Das ist sehr anstrengend für beide Seiten, denn dieses Hin und Her führt nur in Sackgassen.

Kommunikationstipp in solchen Situationen:

Ich-Botschaften statt immer nur »Du«

Botschaften wie »Du redest immer nur mit anderen und nie mit mir, wenn wir auf Partys sind!« sind meistens ein Appell oder Vorwurf an dein Gegenüber. Dein Gesprächspartner wird sehr wahrscheinlich negativ darauf reagieren, weil er sich in die Ecke gedrängt fühlt und sich verteidigen will.

Besser ist es, Ich-Botschaften zu formulieren, wie zum Beispiel: »Ich war beim letzten Fest etwas eifersüchtig. Ich wollte dich aber auch nicht im Gespräch stören, aber hätte mir mehr Zuwendung gewünscht.«

Vorsicht Falle! Es passiert leicht, dass man eine Du-Botschaft in eine Ich-Botschaft verkleidet. Sagst du: »Ich finde, dass du bei der Party so oberflächlich warst,« dann hast du zwar »Ich finde« gesagt, aber gleichzeitig eine Du-Botschaft formuliert.

Positive Ich-Botschaften haben drei Komponenten:

- Sie offenbaren deine eigenen Gefühle, die sich auf das Verhalten des anderen beziehen.

- Sie beschreiben den Auslöser der Gefühle und sind somit sachlich.

- Sie zeigen dem anderen die Auswirkungen seines Verhalten und beinhalten gegebenenfalls Bitten oder Wünsche.

***Wenn deine Ich-Botschaft diese Komponenten hat, fühlt sich dein Gegenüber nicht angegriffen. Die Kunst dabei ist, dass du dir deiner eigenen Gefühle bewusst wirst, bevor du sie äußerst und auf das Verhalten des anderen beziehst.*[6]**

Die »Beziehungswaage« kann aber noch weiter ausschlagen, wenn es nicht mehr ums Aufrechnen geht, sondern nur noch ums Heimzahlen: »Wie du mir, so ich dir.« Schauen wir doch noch mal bei unserem fiktiven Paar vorbei. Nachdem er mal wieder vergessen hat, ihr etwas zum Geburtstag zu schenken, ist ihr Reflex zu sagen:

»Weißt du was, wenn du mir nie etwas zum Geburtstag schenkst, dann bekommst du von mir auch nichts mehr! Basta!«

Auch im Berufsleben gibt es diese Reaktionen. Ein Kollege denkt vielleicht über den anderen:

»Wenn du hinter meinem Rücken zum Chef rennst, dann mache ich das auch!«

Das sind zwei plakative Beispiele für die Verhaltensfalle »Wie du mir, so ich dir!«

Allgemein funktioniert dieses Modell nach dem Motto: Wie man in den Wald hineinruft, so schallt es zurück. Weil der andere so handelt, handele ich genauso und zahle es ihm mit gleicher Münze heim.

Das ist eine Verhaltensweise, die ich oft erlebe, und ich möchte fast behaupten, dass sie in unserer Gesellschaft sehr weit verbreitet ist. Doch wenn wir diese Einstellung beibehalten, entstehen die größten Konflikte. Man schaukelt sich gegenseitig hoch und kommt aus dem Teufelskreis nicht heraus.

Kommunikationstipp

Exit-Strategie: In unseren Ehecoachings geben wir den Paaren gerne folgendes Tool mit an die Hand. Wir haben gemerkt, dass es in der Praxis, vor allem bei den emotionalen Persönlichkeiten, gut funktioniert.

Bevor ein Streit richtig eskaliert, sollte man diese Exit-Strategie anwenden, die wie eine Geheimsprache funktioniert. Du solltest sie allerdings vorher mit deinem Partner beziehungsweise deinen Freunden oder Kollegen abgesprochen haben. Merkst du in einer Situation, dass du in einer Sackgasse bist, dich so festgefahren hast in deinen Emotionen, dass du nicht mehr alleine herauskommst, dann kannst du dies Tool anwenden. Manche Paare tippen sich auf die Schulter oder haben einen Satz wie: »Ich glaube, langsam komme ich an meine Grenze« als Schlüsselsatz ausgemacht. Dadurch weiß der Streitpartner, dass es jetzt 5 vor 12 ist. Diskutiert er nun weiter, dann wird es beim Gegenüber eskalieren. Es werden Worte fallen,die schwer verletzen und die man gegenseitig bereuen wird. Dieses Time-Out-Zeichen zeigt, dass man hier die Auseinandersetzung beenden, aus dem Raum gehen und herunterfahren sollte, um sich später wieder mit abgekühlten Emotionen dem Thema anzunähern.

Wenn du solche »Wie du mir, so ich dir«-Momente noch nie im Leben erlebt hast, dann war dieses Buch ein Fehlkauf, und du kannst es zur Seite legen. Aber ich wage zu behaupten, dass du wahrscheinlich eher innerlich genickt und gedacht hast: »Das kenne ich! Ich habe auch so einen Vollpfosten als Partner(in), Kollege(in) oder Freund(in), der mich immer zur Weißglut treibt und mir immer alles aufrechnet.«

Ich habe dir ja schon mit der Exit-Strategie oder den Ich-Botschaften ein paar Tipps gegeben, wie man diese Streitigkeiten mit kleinen Tricks angehen kann. Meiner Meinung nach gibt es aber noch ein viel besseres Lösungstool für gute Beziehungen. In den Eheseminaren, die Frauke und ich besucht haben, haben wir gelernt, dass es eine Formel für funktionierende Partnerschaften gibt.

DIE BEZIEHUNGSFORMEL: ZUWENDUNG + FREIHEIT = LIEBE [7]

Keine Angst, diese Formel hat nichts mit Mathematik zu tun. Sie ist nicht abstrakt, sondern lässt sich ganz praktisch auf dein Beziehungsleben anwenden. Auf den folgenden Seiten schauen wir uns die einzelnen Begriffe dieser Gleichung gemeinsam an.

ZUWENDUNG

Der erste Teil der Formel lautet »Zuwendung« und setzt eine Entscheidung voraus: Ich will bewusst Zeit mit meinem Partner verbringen, in ihn investieren und ihn fördern und freisetzen. Vielleicht versteht man diesen Begriff auch besser, wenn man ihn mit dem Pokern vergleicht und Zuwendung mit »All in gehen« übersetzt. »All in gehen« bedeutet, dass man alle Chips, die man besitzt, in das Spiel gibt. Auf das menschliche Zusammensein übertragen ist »all in gehen« meiner Meinung nach die höchste Form der Zuwendung.

Ich gebe meinem Sohn gerne meine ganze Aufmerksamkeit und werfe alle meine Zuwendungschips auf unser Beziehungsspielfeld, doch das ist manchmal herausfordernd: Bäm, Boom, Angriff! So ungefähr hört es sich an, wenn unser Sohn Bene mit Playmobil spielt. Bevorzugt Ritter, Piraten oder Feuerwehr. Wenn ich ehrlich bin, muss ich zugeben, dass ich eher der Barbie- oder Basteltyp bin. Mir fällt es nicht so leicht, mit kleinen Legorittern Drachen zu jagen. Aber ich spiele trotzdem mit meinem Sohn. Vielleicht bin ich dann die Playmobil-Frau, die zu Hause für den Ritter das Essen macht, oder ich bin Benes »Anreicher« und suche ihm seine fehlenden Schwerter aus der Kiste zusammen. Aber ich spiele mit ihm und merke, dass es ihn glücklich macht. Ich nehme mir die Zeit und wende mich ihm bewusst zu. Ich gehe dann »all in« für Bene, auch wenn Ritter und Co. normalerweise nicht meine bevorzugten Spiele sind. Dadurch merkt mein Sohn, dass ich ihm Liebe und Wertschätzung entgegenbringe. Auch in anderen Bereichen ist es uns wichtig, dass unser Sohn merkt, dass wir unsere Zeit in ihn investieren und ihn fördern wollen.

Eine Freundin von uns hat einen achtjährigen Sohn, der auf der Suche nach »seinem Talent« ist. Man sieht ihm immer an der Kleidung an, was er gerade macht: Eine Zeit lang lief er nur im Fußball-Trikot herum, dann sah ich ihn mit seinem Parcours-Shirt, und kurze Zeit später trug er einen »Schach ist toll«-Pullover. Ich bin gespannt, was als Nächstes kommt. Ich kenne diese Suche nach dem richtigen Hobby von Bene. Er hat auch schon viel ausprobiert, und wir unterstützen ihn dabei. Fahren ihn zum Training und stehen jubelnd am Fußballplatz, und wenn Fußball doch keinen Spaß macht, dann feuern wir ihn beim Skirennen an. Warum? Wir möchten ihn fördern und der Grund dafür sein, dass er in einer Umgebung aufwächst, in der er seine Talente entdecken darf. Wir möchten nicht, dass er später mal sagt: »Ja, ich hätte das gern gemacht, aber meine Eltern wollten das nicht, weil sie es doof fanden.« Darüber kann man pädagogisch gesehen streiten, für uns ist es aber eine ganz wichtige Sache, denn unser Job als Eltern ist es, Grenzen zu sprengen und nicht den anderen kleinzuhalten.

Bei Kindern fällt es uns meistens leicht, »all in« zu gehen. Doch beim Partner und auch bei Freunden fühlt es sich oft schwerer an. Irgendwie hat man da nicht den Anspruch, dass man dafür verantwortlich sein könnte, dass der andere sich weiterentwickeln kann. Hier möchte ich mich mal kurz speziell der Ehe zuwenden. Paulus sagt an einer Stelle in der Bibel:

> *Und ihr Ehemänner, liebt eure Frauen mit derselben Liebe, mit der auch Christus die Gemeinde geliebt hat. Er gab sein Leben für sie.*
>
> **Epheser 5,25**

Paulus wünscht sich, dass wir Männer unsere Frauen lieben, wie Jesus seine Gemeinde geliebt hat. Wie sah denn seine Liebe aus? War er der Bestimmer und der Häuptling, der von oben herab ein hartes Regiment führte, nur seinen Willen durchsetzte, ohne Rücksicht auf die Wünsche seiner Anhänger? Nein, Jesus hat seinen Jüngern sogar die Füße gewaschen. Und am Ende seiner Zeit als Mensch ist er mit seinem Tod am Kreuz mal so richtig »all in« für uns gegangen. Er hat sein Leben für uns gegeben. Mehr geht nicht. Auf meine Lebenswirklichkeit bezogen heißt das für mich: So wie Jesus mich liebt, und so wie er mich wertschätzt und fördert, so möchte ich Frauke freisetzen, lieben und mich ihr eben voll und ganz zuwenden. Dabei werde ich Fehler machen und an Grenzen kommen, aber ich habe bei unserer Hochzeit die Entscheidung getroffen, in allen Situationen bei meiner Frau zu bleiben und mit ihr durch gute und schlechte Zeiten zu gehen.

Sich selbst nicht so wichtig nehmen

Es gibt Tage in meinem Beziehungsleben, an denen ich keine Probleme habe, diese Idee umzusetzen, ich habe viel Verständnis und lenke oft ein. Es fällt mir leicht, meine göttlichen Aufgaben zu erfüllen. Aber dann gibt es genauso diese anderen Tage: Da fordert es mich echt heraus und ich schaffe es nicht, mich zurückzunehmen und mich Frauke zuzuwenden. Dann schießen mir Gedanken durch den Kopf wie: »Ich flippe gleich aus! Wieso verstehst du mich nicht? Ich habe doch recht!« Doch dann versuche ich mich an folgenden Vers zu erinnern:

> *Ertragt einander, und seid bereit, einander zu vergeben, selbst wenn ihr glaubt, im Recht zu sein. Denn auch Christus hat euch vergeben.*
>
> ***Kolosser 3,13; HFA***

»Selbst, wenn ihr glaubt, im Recht zu sein.« Wie oft dachte ich das schon! Und hinterher war es dann doch gar nicht so, oder es war im Rückspiegel betrachtet völlig unwichtig, ob ich nun recht hatte oder nicht.

Frauen brauchen Liebe/Männer brauchen Anerkennung.

Im Epheserbrief gibt Paulus weitere Tipps zum Thema Zuwendung. Ein Vers am Ende ist für mich sehr vielsagend; er zeigt, wie unterschiedlich Frauen und Männer Zuwendung wahrnehmen:

> *Deshalb sage ich noch einmal, dass jeder Ehemann seine Frau so lieben soll, wie er sich selbst liebt, und dass die Ehefrau ihren Mann achten und respektieren soll.*
>
> ***Epheser 5,33***

Ich brauche viel Liebe und Zuwendung und blühe dadurch auf. Umgekehrt habe ich aber festgestellt, dass es zutrifft, was Paulus schon damals festgestellt hat. Männern tut Anerkennung und Achtung gut. Das ist in ihrer DNA verankert, so wie der Durst nach Liebe bei uns Frauen. In einem Seminar hörte ich einmal einen Satz, der das unterstreicht: Wenn ihr euch einander zuwendet, dann denkt dran, dass Frauen nicht genug geliebt und Männer nicht genug für ihren Einsatz und ihre Taten geachtet werden können. Das sind wichtige Schlüssel für eine funktionierende Partnerschaft.

»All in gehen« heißt eben unter anderem: Mal einen Schritt zurückzugehen, sich selber nicht zu wichtig zu nehmen und den anderen vorzulassen. Ich versuche mir dann bewusst zu machen, dass ich eine subjektive Sicht auf die Situation habe, die nicht immer richtig sein muss.

In der Bibel gibt es ein Wort, das »all in gehen« sehr gut beschreibt. Dieses Wort bezeichnet nämlich den Führungsstil Jesu, denn so hat er seine Gemeinde geleitet. Wie ich dir schon kurz beschrieben habe, kam er nämlich nicht, um zu herrschen, sondern um zu *dienen.*

Dienen ist biblisches »All in« -Gehen

Jesus sagt dazu:

> *Aber so darf es bei euch nicht sein. Im Gegenteil:*
> *Wer groß sein will, der soll den anderen dienen,*
> *und wer der Erste sein will, der soll sich allen*

unterordnen. Denn auch der Menschensohn ist nicht gekommen, um sich bedienen zu lassen. Er kam, um zu dienen…

Matthäus 20,26-28a

Diese Aussage lässt sich auf alle Arten von Beziehungen übertragen. Sei es in der Familie, im Job, in der Kirche oder unter Freunden. Wenn du jetzt so ein Wort wie »dienen« liest, denkst du vielleicht nur an »bedienen«. Ich soll mich zurücknehmen? Devot sein und mich dem anderen unterordnen? Nein, sollst du nicht. Dienen bedeutet nämlich nicht, dass du alles beklatschen musst, was dein Gegenüber macht. »Bedienen« oder »Diener sein«, ist nicht die einzige Bedeutung des Wortes. Eine andere Möglichkeit es auszulegen ist, »dienen« im Sinne von »anleiten« zu verstehen. Jesus bejubelt auch nicht alles, was die Menschen machen. Im Gegenteil, er ist klar und direkt.

Ihr habt gehört, dass es im Gesetz von Mose heißt: »Du sollst nicht die Ehe brechen.« Ich aber sage: Wer eine Frau auch nur mit einem Blick voller Begierde ansieht, hat im Herzen schon mit ihr die Ehe gebrochen.

Matthäus 5,27-28

Er hätte ja auch sagen können: »Easy, Jungs – was ist schon dabei, mal einen Blick auf die hübsche Frau zu werfen? Ich verstehe euch.« Doch er redet den anderen nicht nach dem Mund, sondern sagt klar, wie er zu der Frage steht. Nicht, weil er kleinlich ist, die anderen ärgern will oder sich vielleicht nicht traut, ein offenes Wort zu reden. Er gibt ihnen diese Anleitung und geht somit »all in« für sie, weil er sie vor Ehebruch schützen und ihnen eine neue Sicht auf

die Dinge geben will, denn nur dadurch können sie sich weiterentwickeln.
Eine weitere Bedeutung des Wortes »dienen« ist die Förderung des anderen, indem du ihm konstruktives Feedback gibst. Das birgt zwar Konfliktpotenzial, aber im besten Fall bringst du dabei auch seine Stärken zum Vorschein.

Natürlich gelten die Punkte zur Zuwendung umgekehrt auch für dein Gegenüber. Optimal wäre es, wenn dein Partner, dein Freund oder dein Arbeitskollege auch dir dient und ihr euch gegenseitig aus schlechten Verhaltensmustern befreit und offen miteinander redet. Aber einer sollte damit anfangen, und da du gerade dieses Buch liest, kannst du vielleicht mit gutem Beispiel vorangehen. Ich bin mir ziemlich sicher, dass dein Gegenüber darauf reagieren wird.

Ich werde dir im Laufe des Buches dazu noch viele ausführlichere Tipps geben, wie du den anderen praktisch fördern kannst und gutes konstruktives Feedback möglich ist (Kapitel 6).

Qualitätszeit

Auch das ist ein wichtiger Aspekt der Zuwendung. Eine Beziehung besteht aus zwei Partnern. Damit diese Partnerschaft funktioniert, ist es grundlegend wichtig, dass die Beteiligten Zeit miteinander verbringen. Ich meine damit nicht die Momente zwischen Tür und Angel oder den kurzen Plausch, bevor man zur Arbeit fährt. Ich rede von Zeiten, in denen wir uns ganz bewusst einander zuwenden.

Tobi und ich haben schon sehr früh damit angefangen, sogenannte Qualitätszeit in unsere Beziehung einzubauen. Und das war anfangs nicht ganz so einfach: Wir haben bald nach unserer Hochzeit »Date Nights« eingeführt. Ich erinnere mich noch an eine unserer ersten. Es war der Abend der verabredeten Paarzeit, und wir saßen gemeinsam auf unserem Sofa: Tobi in seiner mäßig schönen Jogginghose, und ich muss zugeben, dass ich mich auch nicht besonders chic gemacht hatte. Irgendwie wollte auch keine richtige Paar-Atmosphäre aufkommen. Eigentlich ja auch kein Wunder. In unserer Kennenlernphase wären wir niemals so auf ein Date gegangen. Stattdessen hätte Tobi sich rasiert und gut angezogen, und ich hätte mich auch gestylt, bevor wir uns getroffen hätten. Wir haben also gemerkt, dass wir uns unsere »Date Nights« anders wünschten. Sie sollten Zeichen von gegenseitiger Wertschätzung sein. Dort auf dem Sofa haben wir deshalb beschlossen, etwas zu ändern und unseren »Dates« wirklich ein besonderes Gewicht zu geben.

Im Alltag ist es absolut in Ordnung, wenn man im Freizeitlook auf dem Sofa sitzt. Wenn man aber Qualitätszeit miteinander ausmacht und verbringt, dann sollte der Fokus eben auf dem Wort »Qualität« liegen. Auch heute verbringen wir regelmäßig Zeit zu zweit miteinander. Es ist nicht immer das große Candle-Light-Dinner. Jeder von uns ist mal dran, sich zu überlegen, was der andere gerne mag. Mal gehen wir gemeinsam shoppen, ein anderes Mal in die Berge. Wir machen das, damit wir in unserer Beziehung gemeinsame Erlebnisse teilen, Zeit zum Austausch haben und uns dadurch nah fühlen.

Qualitätszeiten leben, dem anderen dienen, ihn fördern, ihm Feedback geben und sich selber mal zurücknehmen sind wichtige Aspekte des Zuwendungsbegriffs der Liebesformel.

Es gibt ein Bild, das ich dir gern im folgenden Exkurs vorstellen möchte. Frauke und mir hilft es, zu erkennen, wie es um den Punkt Zuwendung in unserer Beziehung bestellt ist.

EXKURS

DIE EHEPERSON:

Definition

Eine Beziehung besteht aus zwei Menschen. So wie jeder Daumenabdruck individuell ist, ist auch jede menschliche Persönlichkeit einzigartig. An der Stelle, an der sich die Daumen in unserem Bild überschneiden, entsteht die »Eheperson[8]«.

Diese Mischung aus den beiden Abdrücken ist komplett einzigartig und steht für diese eine Eheverbindung. Hätte ich nicht Frauke, sondern eine andere Frau geheiratet, wäre beispielsweise eine ganz andere Eheperson entstanden. Die Größe dieser Schnittmenge, die zwischen den beiden individuellen Daumen entsteht, variiert aber im Laufe der Beziehung ständig, sie wird größer oder kleiner. Denn vieles verändert sich mit der Zeit, Dinge, die man früher am anderen faszinierend fand, findet man heute nur noch so »mittel«. Man entdeckt neue Hobbys, die der Partner aber nicht teilt, usw.

Die Eheperson: Ein Indikator für die Zuwendung

Wird man jetzt nicht tätig und wendet sich weiter vom anderen ab, hin zu eigenen neuen Vorlieben, so wird die Eheperson immer kleiner. Die Spitze der Entfremdung hat sie erreicht, wenn sich die Daumen gerade noch berühren und kaum noch Schnittmenge zu sehen ist.

Spätestens dann wird es höchste Zeit, dass man sich wieder einander zuwendet und in die Beziehung investiert. Sich für den anderen interessiert und sich ihm bewusst zuwendet. Das kann unter anderem Qualitätszeit sein, die man miteinander verbringt. Man macht sich gegenseitig kleine Aufmerksamkeiten oder nimmt sich einfach nur für die Nöte und Interessen des Partners Zeit. Das klingt nach Arbeit, aber ohne dieses stetige Aufraffen funktioniert es nicht, und die Eheperson (die Schnittmenge der Daumen) wird immer kleiner und ausgehungerter. Du kannst deine Eheperson regelmäßig fragen, wie es ihr geht. Ist sie hungrig oder vielleicht auch satt? Braucht sie Zuwendung oder ist sie zufrieden? Ist sie müde oder erfüllt? Sie ist ein guter Indikator für den Zustand deiner Beziehung und zeigt dir, woran ihr arbeiten könnt.

FREIHEIT

Weiter geht's mit dem zweiten Punkt auf der rechten Seite unserer Liebesformel (Zuwendung +Freiheit =Liebe), also der Freiheit.

Manfred Engeli sagte einmal in einem Buch: »Wenn wir geliebt werden wollen, müssen wir unser Gegenüber freigeben. Wenn wir einen Menschen lieben wollen, dann müssen wir ihm gegenüber innerlich frei sein.«[9]

Heute denken viele Menschen, dass es mit ihrer Freiheit vorbei ist, wenn sie eine Beziehung eingehen, da sie ja dann nicht immer das machen können, was sie wollen, und vielleicht auf persönliche Ziele oder lieb gewonnene Gewohnheiten verzichten müssen. Ich denke, dass es Einstellungssache ist, ob wir das Leben in einer Partnerschaft oder Freundschaft als frei oder unfrei erleben, denn grundsätzlich war es ja mal unsere freie Entscheidung, diese Beziehung einzugehen. Um den Aspekt der Freiheit noch näher zu erläutern, möchte ich im Folgenden zwei Facetten des Freiheitsbegriffs betrachten.

DIE EHEPERSON UND FREIHEIT

Wie es um die Freiheit in deiner Beziehung steht, kannst du auch an der Eheperson, die ich dir im Exkurs vorgestellt habe, ablesen. Viele denken, dass es ideal wäre, wenn die beiden Personen – oder Daumenabdrücke – in unserem Bild komplett übereinanderliegen würden. Dann hätte man die größtmögliche Überschneidung. Was will man mehr? Besser kann es der Eheperson doch eigentlich nicht gehen, oder? Das stimmt leider nicht. Bei dieser Symbiose vermischen sich die Abdrücke und aus zwei individuellen Daumen wird eine einzige Durchmischung. Man erkennt keine eigenständigen Persönlichkeiten mehr. Die Individualität geht verloren und dadurch besteht die Gefahr, dass sich die beiden Ehepartner jede Freiheit nehmen.

DAS GUMMIBAND[10]

Paare, die immer alles zusammen machen, sind für mich wie siamesische Zwillinge, die miteinander verwachsen sind, sich keinen (Frei-) Raum geben und sich damit jede persönliche Freiheit nehmen. Doch gerade dieses Loslassen, den anderen freigeben, ist meiner Meinung nach in jeder Art von Beziehung wichtig.

Ich liebe meine Frau, aber ab und zu brauche ich auch Zeit unter Männern.[11] Mit meinen Jungs in unserer ganz persönlichen »Men's-World« erleben wir noch mal ganz andere Facetten, als Frauke und ich sie erleben können, und das Gleiche gilt für sie und ihre Freundinnen.

Ich glaube, eine gute Beziehung ist wie ein Gummiband zwischen zwei Personen. Es hat genug Spielraum, dass man sich auch mal ohne Probleme voneinander entfernen kann. Aber es zieht die Partner doch immer wieder zusammen. Wenn ich zum Beispiel mit meinen Jungs zum Fußball gehe und Frauke sich mit ihren Freundinnen trifft, wäre es ideal, wenn wir beide eine schöne Zeit verbringen würden. Bestenfalls freuen wir uns aber auch wieder aufeinander, wenn wir uns wieder zu Hause sehen. Säße ich die ganze Zeit daheim auf dem Sofa, würde sie alle zwei Minuten anrufen und nerven, wann sie endlich kommt, würde ich sie total einschränken und ihr ihre persönliche Freiheit nehmen. Sie würde sich zu Recht eingeengt fühlen. Und dazu kommt, dass wir beide keine gute Zeit hätten ...

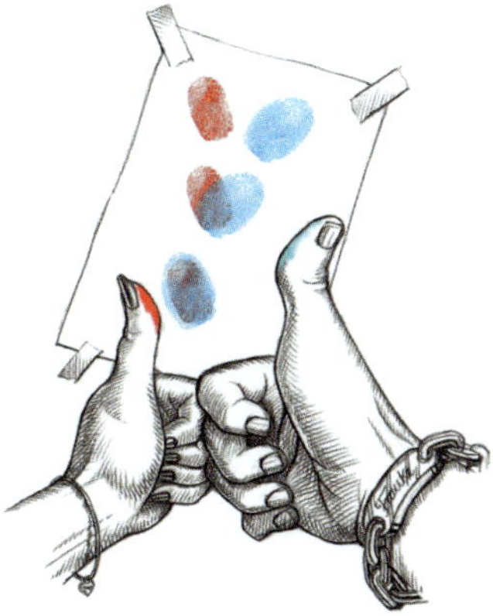

Die goldene Regel

Den anderen auch mal loslassen und ihm eigene Zeiten schenken, ist eine Möglichkeit, sich gegenseitig Freiheit zu geben. Besonders dann, wenn man sich vertraut. Eine andere Möglichkeit ist es, die Beziehung unter die goldene Regel von Jesus zu stellen, was Frauke und ich schon relativ früh gemacht haben.

> *Geht so mit anderen um, wie die anderen mit euch umgehen sollen.*
>
> ***Matthäus 7,12a***

Diese Aussage kannst du auf alle Arten von Beziehungen anwenden. Ich gebe dir hier jetzt ein Beispiel aus einer Paarbeziehung.

Sie sagt: »Tschüss, Schatz, ich gehe jetzt mit Peter in dieses romantische Restaurant. Warte nicht auf mich, es kann spät werden.«

Dazu muss man wenig sagen. Ich glaube, das will keiner von seinem Partner hören, und deshalb macht man es selber auch nicht. Aber gerade zwischen Mann und Frau geht's meistens um Nuancen. Ich zeige dir mal einen fiktiven Fall:
»Warte mal kurz! Ich muss noch der Inga antworten«, sagt dein Mann zu dir, während er auf seinem Handy tippt. Du kennst die Inga, es ist eine alte Studienfreundin von ihm. Welche Variante ist noch okay für dich?

a) Er schreibt Inga hin und wieder eine SMS, da er den Kontakt halten will.
b) Ständig geht sein Handy, und du siehst, dass Inga und er dauernd chatten und Smileys hin- und herschicken.
c) Selbst nachts sitzt er am Rechner und die beiden schreiben intensiv hin und her.

Es liegt natürlich an dir, mit welcher Variante du (wirklich) leben kannst. Aber wenn du, wie ich, bei der zweiten Variante schon Bauchweh hättest, dann solltest du umgekehrt eben auch nicht so handeln, wenn du das nächste Mal mit jemandem chattest. Klar ist es völlig ok, mal mit dem anderen Geschlecht zu chatten, aber es geht eben um die eine Nuance, die zu viel ist. Denn aus Nähe entwickelt sich irgendwann Herzensnähe.

Oft ist es einfach so, dass man sich selber nichts dabei denkt, immer öfter mit der alten Freundin, dem alten Freund hin- und herzuschreiben. Doch stell dir vor, deine Partnerin würde das machen. Fändest du das cool?

Bei Frauke und mir ist diese Chat-Sache kein Problem, wir haben stattdessen andere Punkte, mit denen wir Schwierigkeiten haben. Ich habe mittlerweile aber einen guten Berater, der mir zeigt, wenn ich eine Grenze überschreite und dabei bin, die goldene Regel zu brechen. Wer das ist? Der Heilige Geist, den ich immer wieder in mein Leben einlade. (Mehr dazu im Exkurs in Kapitel 4.) Er schlägt bei solchen Dingen früh in mir Alarm[12] und sagt ganz klar: »Stopp! Mach hier nicht weiter!« Auch wenn es mir selber vielleicht noch gar nicht bewusst ist, dass ich möglicherweise einen Schritt zu weit gegangen bin. Das Gute ist, dass er seine Beziehungsberatung jedem Menschen anbietet. Du musst bei ihm nicht auf einen Therapieplatz warten, sondern kannst ihn jederzeit als Berater in dein Leben holen. Er hilft dir, die goldene Regel einzuhalten und somit ein Vertrauen aufzubauen, welches die Grundlage dafür bietet, dass du deinem Partner Freiheit geben kannst. Der Heilige Geist kann dir im Gebet helfen, ein gesundes Maß in puncto Freiheit = Freiraum zu finden.

Es gibt aber noch den anderen, zweiten Blickwinkel, aus dem ich mit dir das Thema »Freiheit« gerne betrachten würde. Ich glaube, dass der Heilige Geist mir auf die Frage: »Was ist für dich Freiheit?« folgende Antwort geben würde:

Freiheit = Selbstbeherrschung[13]

Freiheit mit Selbstbeherrschung gleichzusetzen klingt erst einmal nach einem Widerspruch. In der Gesellschaft wird Freiheit eher so definiert: Ich darf zu jedem Zeitpunkt das machen, was mir gefällt!

Das hat sich früher für mich auch gut angehört, aber inzwischen teile ich diese Einstellung nicht mehr. Erst fühlt es sich gut an, immer das zu machen, wonach einem gerade ist. Aber ich glaube, dass das auf Dauer nicht funktioniert. Überspitzt gesagt: Wenn du z. B. alles in dich reinstopfst, was nach Essen aussieht, kannst du das machen. Ja, da bist du völlig frei! Hau rein, schieb noch drei Portionen Tiramisu auf den Schweinsbraten und die fünf Knödel oben drauf! Darfst du! Kein Problem, feel free!

Aber es tut dir nicht gut. Es ist keine Freiheit, denn ziehst du das dauerhaft durch, wirst du bestenfalls dick und schlimmstenfalls krank. An einem solchen Lebensstil kannst du sogar zugrunde gehen.

Wenn wir unser Beziehungsleben nach Gott ausrichten wollen, dann sollten wir uns seinen Begriff von Freiheit mal genauer ansehen. Er ist schließlich eine wichtige Komponente in der Beziehungsformel: Freiheit + Zuwendung = Liebe. Wie wir den Freiheitsbegriff im göttlichen Sinne leben können, beschreibt Paulus im Römerbrief:

> *Passt euch nicht den Maßstäben dieser Welt an, sondern lasst euch von Gott verändern, damit euer ganzes Denken neu ausgerichtet wird. Nur dann könnt ihr beurteilen, was Gottes Wille ist, was gut und vollkommen ist und was ihm gefällt.*
>
> ***Römer 12,2; HFA***

Ich würde das so formulieren:
Ich tue nicht immer das, von dem ich denke, dass es mir guttut. Sondern ich will das tun, von dem Gott weiß, dass es mir guttut.[14]

Bevor wir diese Aussage auf unser Beziehungsleben und den Freiheitsbegriff in der Liebesformel anwenden, möchte ich dir den Satz mithilfe des Themas »Ernährung« erklären. Alles in sich reinstopfen, was nach Essen aussieht, macht den einen oder anderen vielleicht erst mal glücklich, aber auch in diesem Punkt hat Gott eine klare Idee für unser Leben:

> *Erkennt ihr denn nicht, dass ihr der Tempel Gottes seid und dass der Geist Gottes in euch wohnt? Gott wird jeden ins Verderben stürzen, der diesen Tempel verdirbt. Denn Gottes Tempel ist heilig, und ihr seid dieser Tempel.*
>
> ***1. Korinther 3,16-17***

Ein Teil von Gottes Tempel ist auch unser Körper. Gott fühlt sich in einem verfetteten und kranken Körper in dem Sinne nicht wohl, weil er mit uns leidet, wenn wir uns selber zerstören. Natürlich liebt er uns immer gleich, aber wohlfühlen, im Sinne von »alles gutheißen«, kann er diese Selbstzerstörung als liebender Vater nicht. Umgekehrt ist es aber auch nicht das Ziel, einem übertriebenen Sportwahn zu verfallen und jetzt jeden Morgen, Mittag und Abend 50 Runden um den Block zu joggen.

Es geht eigentlich darum, diszipliniert zu leben und eine gesunde Begrenzung für unser Leben zu finden. Das macht frei und nicht unfrei. Ich fühle mich auf jeden Fall besser, wenn ich mich gesund ernähre und ausreichend Sport treibe.

Beim Essen ist das noch einleuchtend. Bei den ganzen Geboten aber, die Gott uns in der Bibel gibt, höre ich oft: »Puh, das ist ganz schön einschränkend und nimmt mir doch jede Freiheit.« In Gottes Wahrnehmung ist das nicht so. Er gibt uns diese Gesetze und Gebote, damit wir frei werden können. Das klingt nach Widerspruch, es ist aber keiner. Ich möchte dir das im Folgenden erklären, oder noch besser: Zuerst Jakobus und Paulus zitieren.

> *Wer aber ständig auf das vollkommene Gesetz Gottes achtet – das Gesetz, das uns frei macht – und befolgt, was es sagt, und nicht vergisst, was er gehört hat, den wird Gott segnen.*
>
> **Jakobus 1,25**

> *Bleibt niemandem etwas schuldig, abgesehen von der Liebe, die ihr einander immer schuldig seid. Denn wer den anderen liebt, hat damit das Gesetz Gottes erfüllt. Die Gebote gegen Ehebruch, Mord, Diebstahl und Begehren sind – wie auch alle anderen Gebote – in diesem einen Gebot zusammengefasst: Liebe deinen Nächsten wie dich selbst.*
>
> **Römer 13,8-9**

Wenn du die Bibel aufschlägst, findest du unzählig viele Vorschläge, wie gesunde und funktionierende Beziehungen möglich sind. Ich vergleiche Gottes Gesetz immer gerne mit Naturgesetzen. Wenn du dich dazu entschließt zu sagen: »Für mich gilt die Erdanziehungskraft nicht mehr« und dann vom Balkon springst, dann solltest du dich nicht bei Gott oder der Erdanziehungskraft beschweren, wenn es dir danach nicht gut geht. Genauso ist es bei Gottes Gesetzen. Sie funktionieren, wenn du sie annimmst. Entschließt du dich dazu, bietet er dir an, Freiheit und Lebensqualität im Hier und Jetzt zu erleben. Sagst du aber: »Ach nee, ich finde das alles veraltet. Ich schau halt Pornos und flirte mit allen anderen Frauen, es ist ja nur ein Flirt«, dann darfst du dich nicht bei Gott beschweren, wenn möglicherweise deine Beziehung zerbricht und du nicht die Herzensnähe und Geborgenheit in Beziehungen findest, nach der du dich so sehnst. Diese freie Wahl, die oft Selbstbeherrschung braucht, ist sogar ein Ausdruck von Gottes Liebe für uns. Er liebt dich übrigens, unabhängig davon, ob du seine Gesetze annimmst oder nicht. Nach ihnen zu leben, macht aber im Hier und Jetzt einen Unterschied und hilft dir, eine göttliche Freiheit zu leben.

LIEBE

Zwei Teile der Liebesformel haben wir uns nun schon angesehen: Zuwendung und Freiheit. Die Summe dieser Teile, also das, was am Ende dabei herauskommt, ist die Liebe. In dieser Perfektion gibt es nur einen, der uns diese Formel vorlebt. Gott! Denn er ist die wahre Liebe. Wir benutzen heute den Liebesbegriff manchmal sehr inflationär. »Ich liebe den Cheeseburger« oder »Ich liebe dieses blaue Oberteil«, hört man an jeder Ecke. Auch die Liebe in unseren zwischenmenschlichen Beziehungen ist meistens nicht so, wie Gott es sich für uns wünschen würde. Dort ist sie oft vergänglich (nicht nur bei meinen ehemaligen Schülern) und leider auch oft egoistisch. Doch diese besondere Liebe Gottes, die Vorbild für unsere menschlichen Beziehungen ist, diese Liebe ist anders.

> *Die Liebe ist geduldig und freundlich. Sie ist nicht neidisch oder überheblich, stolz oder anstößig. Die Liebe ist nicht selbstsüchtig. Sie lässt*

sich nicht reizen, und wenn man ihr Böses tut, trägt sie es nicht nach. Sie freut sich niemals über Ungerechtigkeit, sondern sie freut sich immer an der Wahrheit. Die Liebe erträgt alles, verliert nie den Glauben, bewahrt stets die Hoffnung und bleibt bestehen, was auch geschieht.

1. Korinther 13,4-7

Diese Liebe hat eine besondere Schönheit. Es geht ihr um das Wohl des anderen, und sie bleibt bestehen, was auch immer geschieht. Jeder einzelne Aspekt der Liebe in diesen Versen ist eine tolle Zusage von unserem Vater an uns.

Gottes Zuwendung

Übertragen wir mal Gottes Art, uns zu lieben, auf die Liebesformel. Er wendet sich den Menschen in so vielen Stellen in der Bibel zu. Er ist unser Versorger (Matthäus 6,26; 1. Mose 49,24 und viele mehr), unser Beschützer (Psalm 97,10; Psalm 104,8 und viele mehr), immer für uns da (Psalm 48,15; Jesaja 26,4 und viele mehr), und mit Jesu Tod am Kreuz geht er dann wirklich »all in« für uns Menschen.

Denn Gott hat die Welt so sehr geliebt, dass er seinen einzigen Sohn hingab, damit jeder, der an ihn glaubt, nicht verloren geht, sondern das ewige Leben hat.

1. Johannes 3,16

Gott lässt uns die freie Wahl, ihn zu lieben

Auch beim Freiheitsbegriff ist er ein Vorbild für uns:

Wir lieben (ihn), weil er uns zuerst geliebt hat.

1. Johannes 18; Schl

Gott hat uns zuerst geliebt und bietet uns an, ihn zurückzulieben. Er zwingt uns nicht, ihn zu lieben, sondern ist uns gegenüber völlig frei.

In der Welt der Stars hört man manchmal Geschichten von Stalkern. Das Phänomen gibt es aber natürlich auch unter »Normalos«. Stell dir mal vor, jemand stellt dir nach, schickt dir Geschenke, Blumen und Karten mit Liebesschwüren und lauert dir auf. Jedes Mal, wenn er dich sieht, ruft er: »Ich liebe dich! Du musst mich auch lieben!« Könntest du das erwidern? Ich nicht, denn Liebe unter Zwang funktioniert nicht.

Auch Gott weiß das. Und da er ehrlich und von ganzem Herzen von uns zurückgeliebt werden will, hat er uns die Freiheit geschenkt, eigene Entscheidungen zu treffen (1. Mose 2,8-9; 15-17). Auch die Entscheidung, ihn zu lieben. Er hingegen ist immer da, liebt uns selbstlos und somit ohne Erwartungen, egal ob wir uns für oder gegen ihn entscheiden. (1. Korinther. 13)

Auf der menschlichen Ebene ist das genauso. Wenn wir Liebe, Freundschaft oder Zuneigung für jemanden empfinden, können wir nicht verlangen, dass der andere diese Gefühle erwidert. Es setzt seine freie Entscheidung voraus. Druck ist das Gegenmittel zur Liebe. Diese freie Liebesentscheidung ist ein wichtiger Bestandteil unseres Beziehungslebens.

Was heißt das für uns?

Wie können wir es schaffen, diese göttliche Liebe zu leben und die Liebesformel (Zuwendung + Freiheit = Liebe) zu erfüllen? Bei dem Punkt Zuwendung in der Liebesformel musst du eine Entscheidung treffen. Es liegt bei dir, ob du immer auf dein Handy schaust oder den anderen wahrnimmst. Hier hast du es in der Hand, ob du diesen Teil der Formel erfüllen möchtest.

Auch beim Freiheitsbegriff, den wir dir beschrieben haben, kannst du in einigen Bereichen frei wählen, ob du die Gleichung erfüllen willst. Du kannst dich zum Beispiel entscheiden, ob du dich an Gottes Gesetze oder die goldene Regel halten möchtest. Aber ich wage zu behaupten, dass du alleine nicht weit kommst, wenn du diese ganz besondere innere Freiheit erleben willst. Außerdem fällt es dir vielleicht auch oft schwer, diese wunderbare göttliche Liebe zu empfinden und selbstlos an andere weiterzugeben.

Denn wenn ich zu mir sage: »So, Tobi! Jetzt bin ich mal eine Runde innerlich frei und gebe andere frei, liebe sie ohne Selbstsucht, ertrage alles und bin Liebe pur in Perfektion, wie Gott sich das im Korintherbrief wünscht!«, funktioniert das zumindest bei mir selten. Das schaffe ich in der letzten Konsequenz nicht alleine. Warum? Weil ich als »rebellischer Sünder« geboren bin. Klingt für manche Ohren vielleicht cool, ist es aber leider nicht. Denn Gottes Ziel für unser Leben ist, dass wir Jesu Wesen ähnlicher werden. Und der war nun wirklich kein Sünder. Aber er will mir helfen, meine negativen Prägungen, Verletzungen und schlechten Eigenschaften zu entdecken und abzulegen. Diese hindern mich unter anderem daran, die göttliche Liebe in meinem Leben zu erleben. Manchmal sind diese destruktiven Dinge, so tief in uns verborgen, dass ich sie nur mit Jesu Hilfe ans Licht bringen kann.[15]

Gott hilft uns, in seinem Sinne zu lieben

Das sind so viele Punkte in unseren Beziehungsleben, bei denen wir an unsere Grenzen kommen. Es nicht umsetzen können, die Liebe aus dem Korintherbrief zu leben, weil wir limitiert sind. Doch Gott will uns dabei helfen, damit wir das schaffen können. In den nächsten Kapiteln dieses Buches möchten wir dir zeigen, dass es ein göttliches Liebesflusssystem gibt, durch das Gottes besondere Liebe strömt und in dem auch du eine wichtige Rolle spielst. Wenn dieser Kreislauf so richtig im Fluss ist, kannst du diese Liebe erleben und spüren. Das hilft dir, andere auf eine göttliche Art und Weise zu lieben und freizusetzen. Aber bei den meisten Menschen ist dieser Kreislauf leider verstopft. In den folgenden Kapiteln des ersten Teils werden wir tiefer gehen und gemeinsam mit dir dieses System ansehen und dir zeigen, wo du überall diese Verstopfungen, die tief in dir verborgen sind, entdecken kannst. Wie du diese Verkalkungen lösen und somit die göttliche Liebe wieder zum Fließen bringen kannst. Jesus und der Heilige Geist stehen dir dabei die ganze Zeit zur Seite, sie sind die Experten für diese göttlichen Rohrleitungen. Sozusagen die Klempner vom Liebesfluss. Wie du ihre Hilfe in Anspruch nehmen kannst, erklären wir dir ebenfalls. Läuft der Liebesfluss dann wieder störungsfrei, bist du gerüstet, um die Liebesformel: Zuwendung + Freiheit = Liebe in deinen Beziehungen zu leben.

2.

JETZT GEHT'S UM DICH

DER LIEBESFLUSS

Im Film Cast Away strandet Tom Hanks (alias Chuck Noland) auf einer einsamen Insel. Kein Mensch weit und breit. Um der Einsamkeit zu entgehen, baut er eine Beziehung zu einem Fußball auf. Wilson, so heißt der Ball, ist der einzige Ansprechpartner für Chuck, und die beiden werden best buddys. Als Wilson ins Wasser fällt und abgetrieben wird, zerbricht für den Gestrandeten eine Welt. Nun hat er, außer sich selbst, niemanden mehr, mit dem er reden und Zeit verbringen kann, und er verzweifelt.

Das zeigt uns: Wir Menschen brauchen ein Gegenüber, denn

wir sind Beziehungswesen. Normalerweise suchen wir uns natürlich keinen Fußball, mit dem wir uns anfreunden, sondern andere Menschen. An dem Filmbeispiel ist jedoch in jedem Fall interessant, wie sehr der Hauptdarsteller diese Bindung zu seinem Ballfreund braucht und wie er durch die Gemeinschaft mit ihm gestärkt wird. Wenn du, genau wie ich, nicht auf einer einsamen Insel lebst, dann hast du wahrscheinlich menschliche Freunde und Partner, mit denen du dich austauschst. Und das ist wichtig, denn:

Der Mensch braucht Beziehungen und kann nicht ohne sie leben. Das ist ein wichtiger Teil in Gottes Plan. Er hat uns nach seinem Ebenbild geschaffen, und eine wichtige Eigenschaft des Wesens Gottes ist die Liebe und sein Wunsch, mit uns in einer Beziehung zu stehen.

> *Gott ist Liebe, und wer in der Liebe lebt, der lebt in Gott und Gott lebt in ihm.*
>
> ***1. Johannes 4,16b***

Liebe leben und Beziehungen führen ist für uns Menschen ganz wichtig. Jesus nennt uns in der Bibel bessere Beziehungspartner als den Fußball aus dem Filmbeispiel:

> *»Du sollst den Herrn, deinen Gott, von ganzem Herzen, von ganzer Seele, mit deiner ganzen Kraft und all deinen Gedanken lieben.« Und: »Liebe deinen Nächsten wie dich selbst.«*
>
> ***Lukas 10,27***

Diese Bibelstelle zeigt, dass wir eine Beziehung zu Gott, zu uns selber und zu anderen Menschen haben können. Zwischen diesen drei Ebenen fließt die Liebe, der sogenannte »Liebesfluss«.[16]

Die Liebesquelle ist Gott, von ihm geht alles aus. Er ist die pure Liebe, und wir dürfen diese Quelle anzapfen. Jederzeit ein Gläschen Liebe herauslassen, denn Jesus lädt uns direkt dazu ein:

> *»Wer aber von dem Wasser trinkt, das ich ihm geben werde, der wird niemals mehr Durst haben. Das Wasser, das ich ihm gebe, wird in ihm zu einer nie versiegenden Quelle, die unaufhörlich bis ins ewige Leben fließt.«*
>
> ***Johannes 4,14***

Das bedeutet: Gehen wir zur Quelle und trinken von diesem Wasser der göttlichen Liebe, so kann es durch uns hindurchfließen; wir empfinden Liebe und können sie großzügig an die Menschen in unserem

Umfeld weitergeben. Aber es ist auch ein Kreislauf: Umgekehrt können wir von Freunden, dem Partner oder sonstigen Mitmenschen Liebe empfangen, uns darüber freuen, dankbar sein und diese Liebe wieder an Gott weitergeben. Das klingt alles so einfach, doch das ist es anscheinend nicht, denn dann wäre die Welt ein einziger Ort der Liebe. Die Realität sieht anders aus.

»Ich finde dich doof! Dich kann ich nicht lieben!« So eine Aussage lässt keinen Menschen kalt, denn eigentlich sind wir immer auf der Suche nach Liebe und wollen Liebe geben. Wenn Gott uns also so ein Liebesflusssystem anbietet und sagt, dass wir ihn immer anzapfen können, dann müsste doch alles easy sein. Doch da, wo Wasser fließt, sammelt sich Kalk an, zumindest bei uns in Süddeutschland. Und die engste Stelle im System entscheidet darüber, wie reibungslos alles durch die Rohre fließt. Läuft es ganz schlecht, dann staut sich das Wasser/die Liebe auf. Im schlimmsten Fall gibt es einen Wasserrohrbruch.

Das ist auch auf das göttliche Rohrsystem übertragbar: Wer innerlich »verstopft« ist, der ist nicht empfänglich für Gottes Liebe. Wenn also nur wenig Liebe bei ihm ankommt, dann fällt es ihm schwer, sie an andere weiterzugeben. Wer eine negative Beziehung zu sich selber hat, der bleibt in seinen Gedanken oft innerhalb seines eigenen Universums, dreht sich um sich selber und macht schlimmstenfalls die Liebes-Luken nach außen dicht. Dabei gibt es verschiedene Dinge, die das Rohrsystem verstopfen können: Schwierigkeiten mit sich selber, mit Gott und mit anderen Menschen. In den nächsten Kapiteln wollen wir daher diese Bereiche abklopfen und die Saugglocke ansetzen, damit wieder alles in den Flow kommt.

Und wir beginnen: Mit dir!

KONFLIKTE MIT DIR SELBER?

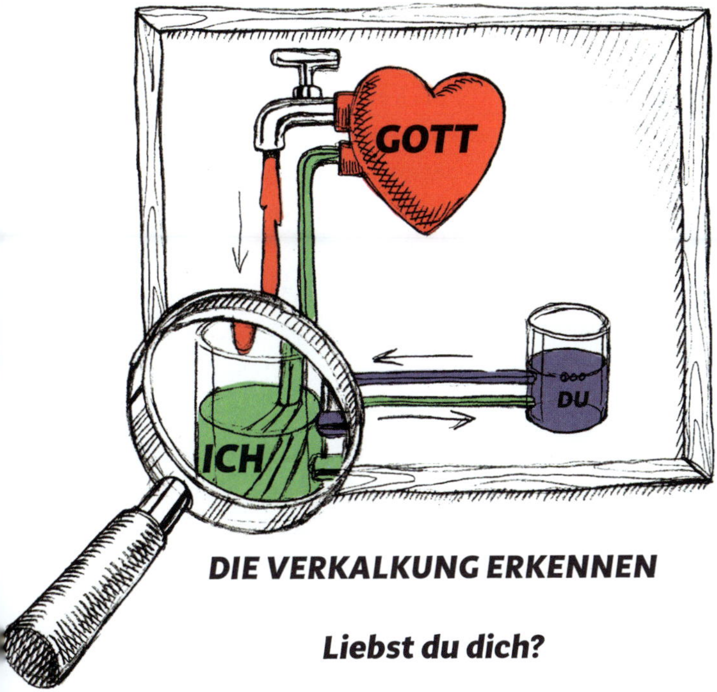

DIE VERKALKUNG ERKENNEN

Liebst du dich?

Die wichtige Bedeutung dieser Frage ist auch in der Psychologie bekannt. Es gibt Bücher, deren Titel in etwa so lauten: »Liebe dich selbst, dann wird alles gut« oder »Selbstliebe macht stark.« Gott als unser Schöpfer weiß das auch und betont es an mehreren Stellen in der Bibel:

> *Das zweite (Gebot) ist ebenso wichtig: »Liebe deinen Nächsten wie dich selbst.« Kein anderes Gebot ist wichtiger als diese beiden.*
>
> **Markus 12,31**

Wir denken immer wieder, dass es in dieser Stelle vor allem um den Nächsten geht, doch es heißt auch ausdrücklich: »wie dich selbst«. Das mit der Selbstliebe ist aber gar nicht so einfach. Ich denke, dass jeder von uns Eigenschaften hat, mit denen er hadert und die ihm das Leben persönlich schwermachen. Sonst bräuchte es keine psychologischen Bücher, und Gott müsste diesen Vers auch nicht in der Bibel hervorheben.

Es gibt einfach Momente im Leben, da kommt alles zusammen. Letztens war mein Sohn zwei Tage krank. Ich konnte daher nicht arbeiten, und es ist einiges liegen geblieben. Am dritten Tag brachte sein Schulfreund ihm die Hausaufgaben zum Nacharbeiten. Bene saß also unten im Wohnzimmer am Esstisch, und ich zog mich ins Büro zurück. Fuhr den Computer hoch und fand unzählige Mails in meinem Postfach. Der Stresspegel stieg langsam in mir an. Dann klingelte auch noch das Telefon, und meine Schwiegereltern waren dran: »Frauke, wir können nächste Woche nicht kommen. Wir sind krank. Könntest du bitte unser Zug-Ticket im Internet stornieren? Wir wissen nicht, wie das geht. Aber das muss heute sein, sonst wird es zeitlich zu knapp.«

Grundsätzlich helfe ich immer gern, und mir ist auch klar, dass die beiden nicht so internetaffin sind – aber musste das heute sein? Immer mehr Mails poppten in meinem Postfach auf, und die ganze Situation überforderte mich. In dem Moment schrie auch noch Bene von unten: »Mama! Komm mal! Ich verstehe das nicht!« Das war der Tropfen, der das Fass zum Überlaufen brachte, und ich habe dementsprechend reagiert: »Ich verstehe das auch nicht! Mach es doch mal alleine! Ich war heute auch nicht in der Schule, woher soll ich denn wissen, was du machen sollst?!«

Als ich so durch das Haus brüllte, merkte ich selber, dass mein Geschrei völlig unverhältnismäßig war. Bene war ganz verunsichert, und ich war auch nicht glücklich über meine überempfindliche Verhaltensweise. Ich verstand mich in dem Augenblick selber nicht. Normalerweise bin ich gern für andere da, und jetzt stieg ich so aus? Wieso benahm ich mich so? Ich mochte mich in dem Moment selber nicht, war überrascht über mein Handeln. Übrigens gibt es so ein Verhalten nicht nur in unserer heutigen Zeit, in der man ständig und überall erreichbar sein soll und deshalb oft an seine Grenzen kommt. Bereits die Menschen in der Bibel kannten diese innere Zerrissenheit.

> *»Ich begreife mich selbst nicht, denn ich möchte von ganzem Herzen tun, was gut ist, und tue es doch nicht. Stattdessen tue ich das, was ich eigentlich hasse.«*
>
> **Römer 7,15**

Ob bei Paulus oder in der Situation von Frauke – hier beginnt das Liebesflusssystem zu verkalken. Wir tun Dinge, die wir später bereuen, und sind unzufrieden mit uns. Wo genau das Problem liegt, kann man herausfinden, wenn man sich selber einmal bewusst zuhört.

Das Selbstgespräch

»Ich bin so ein Trottel! Ich mache nichts richtig ... das ist typisch für mich ... ich kann nichts ... mein Vater hatte wohl recht damit, dass ich ein Versager bin.«

Vielleicht denken wir so über uns. Oder auch so: »Ich bin eh der Checker vom Dienst: Die anderen können mich mal. So wie ich die Dinge angehe, ist es richtig.«

An diesen beiden Beispielen sehen wir: Person eins hat einen Konflikt mit sich selber: Sie mag sich nicht und traut sich nichts zu.

Die Festlegungen des Vaters haben sich in ihrem Kopf eingenistet. Person zwei hat allerdings auch eine innere Kampffront, denn sie erhebt sich über andere.

Das innere Selbstgespräch zeigt, wie man mit sich selber umgeht und über sich denkt und urteilt. Es ist ein guter Analyst.[17] Beobachte das mal! Ich kenne Leute, die immer laut mit sich reden und auch mit sich selber schimpfen, wenn sie etwas falsch gemacht haben. Ich sage dann gerne zu den Personen: »Hey, sprich doch nett mit dir selber!« Meistens lachen sie dann, da sie genau verstehen, was ich meine.

DIE VERKALKUNG LÖSEN

Jeder streitet anders

Auch ich rede in Gedanken oft mit mir selber. Es gab mal eine Phase in Fraukes und meiner Beziehung, da hättest du oft diese Worte in mir gehört:

»Der kann ich eh nichts recht machen. Ich zieh mich jetzt zurück. Ich mache gar nichts mehr!«

In solchen Momenten, wie Streitigkeiten oder Konfrontationen mit anderen, verhalte ich mich wie eine Schildkröte: Ich krabble in meinen Panzer und suhle mich in Selbstmitleid. Aber ich erzähle dir schnell, warum das so ist.

Meine Frau liebt Geschenke, und in ihrer Familie herrscht eine ganz andere Schenk-Kultur als in meiner. Am Anfang unserer Beziehung war mir das nicht so bewusst. Ich war der Meinung, dass man mit Geschenken seine Zuneigung ausdrücken kann und es dabei nicht wichtig ist, was man schenkt, sondern dass man überhaupt etwas schenkt. Dass man das aber auch anders sehen kann, war mir nicht so richtig klar. Ganz am Anfang unserer Ehe fand ich mich (für meine Verhältnisse) sehr kreativ, ich schnitt Fotos aus und schrieb eine Liebeserklärung auf die aufgeklebten Bilder. Das Ganze steckte ich in einen Rahmen, den ich schnell in einem Geschäft besorgt hatte. Doch als ich Frauke das Geschenk gab, war ihre Reaktion: »Wieso schenkst du mir so einen hässlichen Rahmen?« Enttäuscht zog ich mich in meinen Panzer zurück.

Bei uns in der Familie ist es so: Der Fokus bei Geschenken liegt darauf, dass man dem anderen etwas schenkt, was ihm wirklich gefällt und was er auch gebrauchen kann. Meine Mutter hat immer die Preiszettel an den Präsenten hängen gelassen,

und ich wusste, wenn ich das Geschenk nicht mag, kann ich es umtauschen, und sie ist dann nicht beleidigt. Ihr ist es wichtig, dass ich etwas mit der Sache anfangen kann. Dass man aber auch Geschenke machen kann, einfach nur, weil man damit seine Liebe ausdrücken will, – unabhängig davon, – ob es dem anderen gefällt, war eben nicht ganz meine Geschenk-Kultur. Ich wusste, dass es das gibt, habe es aber selber so nicht gelebt.

Da ich mir immer so viel Mühe gegeben habe, anderen Geschenke zu machen, die perfekt zu ihnen passen, fühlte ich mich einfach nicht wertgeschätzt, als ich den Rahmen (und der war leider wirklich gar nicht schön) von Tobi bekam. Ich habe das Geschenk anders gedeutet und Tobis Gedanken dahinter nicht verstanden. Ich dachte damals: »Wieso gibt der sich so wenig Mühe? Der sollte doch wissen, dass ich einen grünen Bilderrahmen niemals aufhängen würde.«

Anders als Tobi, der gern wie eine Schildkröte reagiert, würde ich meinen Konflikttyp eher als Gorilla bezeichnen. (Und noch lieber als Dampfkochtopf – wenn man den Dampf rauslässt, dann steht der Topf nicht mehr unter Druck.) Ich mache mir also einfach kurz Luft. Im übertragenen Sinne würde der Gorilla kurz draufhauen, aber dann ist auch wieder gut. Mein Mann reagierte damals jedoch anders, er steckte in seinem Schildkrötenhaus fest.

Diese Begebenheit zeigt, dass meine Frau und ich komplett unterschiedliche Konflikttypen sind.

Die Gorillakröte und viele mehr

Schildkröte und Gorilla – darüber hinaus gibt es natürlich noch viel mehr Konflikttypen.[18] Da gibt es den Elefanten, der ein Dickhäuter ist und alle Konflikte ignoriert. Für ihn sind es immer die anderen, die ein Problem haben, er selber hat keins. Oder den Hasen, der im Konflikt gern die Flucht ergreift, und die Schlange, die lange ruhig bleibt und dann: Zack! Beißt sie zu. Meistens ist man auch nicht nur ein Konflikttyp, sondern eine Mischung aus mehreren. Also ein Elefanten-Hase oder vielleicht eine Gorilla-Schildkröte. Mir hilft dieser Vergleich mit Tieren, um mich in diesem Punkt besser einordnen zu können.

Die Frage ist: Ist einer der Konflikt-Typen besser als der andere? Ich denke nicht. Jeder Typ hat seine eigenen Stärken und Schwächen. Es ist nicht so, dass alles schlecht ist am Gorilla. Er haut vielleicht kurz drauf, aber danach ist die Sache für ihn erledigt und er trägt einem nichts nach. Die Schildkröte lässt den anderen in ihrem Panzer nicht an sich heran. Doch diesen Rückzugsort nutzt sie für sich, um die Dinge zu sortieren. Wenn man seinen Konflikttypen entdeckt hat, dann sollte man nicht versuchen, sich total zu verstellen, sich zu verändern oder ihn abzustreifen. Besser wäre es, das Gute zu behalten und das Schlechte herauszufiltern. Dann kann der Liebesfluss auch schneller entkalkt werden. Doch wie geht das? Dafür braucht es Reflexion und viele Gespräche.

VERSTÄNDNIS ENTWICKELN

Bei unserer Geschenkeproblematik war es ein langer Weg, den wir aufeinander zugehen mussten. Wir mussten verstehen, wie der jeweils andere tickt und wie sein Persönlichkeits- und Konflikttyp in diesem Punkt angelegt ist. Nach vielen Gesprächen mit Frauke habe ich verstanden, dass sie sich nicht wertgeschätzt fühlt, wenn ich ihr ein – aus ihrer Sicht – »gedankenloses« Präsent mache. Ich muss damit rechnen, dass sie mir dann direkt ihre Meinung sagt, denn so ist sie durch ihre Familie geprägt worden.

Ich habe begriffen, dass es für sie einen Unterschied macht, wenn ich ihr etwas schenke, was ihr tatsächlich gefällt und was wirklich zu ihr passt. Das ist aber nicht leicht für mich, denn ich bin in dem Punkt extrem unbegabt. Meine Freunde wissen, dass ich mich sogar von meinem Handy erinnern lassen muss, jemandem etwas zu besorgen. Außerdem hat es mir die Schildkröte schwergemacht, dass ich mich überhaupt wieder an das Geschenkethema in unserer Ehe wagte.

Denn ich war verletzt. Doch beim Bibellesen hatte ich einen Impuls: »Tobi, versuch es noch mal und nimm mich einfach mit.« Und das habe ich dann auch getan:

Ich bin mit dem Heiligen Geist Geschenke kaufen gegangen. Das klingt jetzt ein wenig komisch, kann ich aber nur empfehlen:

Hilfe von außen

Eine Sache möchte ich dir ans Herz legen, die uns sehr weitergeholfen hat. Unser Motto im Streit ist, dass wir uns – wenn wir uns wieder versöhnt haben – immer zusammensetzen, um das Problem zu reflektieren. Nur dann können wir in Zukunft etwas ändern. Ich hatte in dem beschriebenen Fall das Glück, viele Eindrücke und Ideen zu bekommen, welche Schritte wir in Zukunft gehen können. Wir probieren das gemeinsam aus. Manches hilft uns, manches aber auch nicht. Das ist immer von Paar zu Paar individuell. Wenn du alleine nicht weiterkommst, kannst du dir geschulte Hilfe von außen holen. Im ICF haben wir zum Beispiel ein Team, das speziell Paare unterstützt und sie berät. Manchmal helfen aber auch schon Freunde, die einen neutralen Blick auf die Situation haben und dir Tipps geben können, wie sie in solchen Konflikten gehandelt haben.

Das Geschenke-Kaufen mit dem Heiligen Geist ging bei mir so: Als ich einmal in einem Geschäft stand, betete ich für die richtige Inspiration. Und da hatte ich den Eindruck, dass ich die Verkäuferin fragen sollte, welche Ohrringe einer Frau wie Frauke gefallen könnten. Das Geschenk traf dann völlig ins Schwarze, und seitdem mache ich es immer so. Das führt dazu, dass ich oft mit dem richtigen Geschenk nach Hause gehen kann.

Aber auch Frauke hat beim Geschenkethema an sich gearbeitet – mit Gottes Hilfe.

Die Wurzel finden

Ich habe auch über diese Geschenk-Problematik nachgedacht. Natürlich wusste ich, dass es Menschen gibt, die sich bei Geschenken nichts denken und einfach nur um des Schenkens willen etwas aussuchen.

Doch ich habe gemerkt, dass da noch mehr in mir verborgen ist, und dass es noch einen tieferen Grund dafür gibt, warum ich so auf Tobis »unpassende« Geschenke reagiert habe. Und der ist in meiner Selbstbeziehung verankert. Als Jugendliche und junge Frau habe ich mich sehr über Äußerlichkeiten definiert. Bekam ich also etwas geschenkt, was ich nicht schön fand, dann dachte ich: »Wieso schenkt der andere mir so etwas Hässliches? Denkt der etwa, das passt zu mir? Findet der mich auch hässlich?«

Dieses Definieren über Äußerlichkeiten und dass ich daraus Wertschätzung für meine Person gezogen habe, habe ich im Gebet als eine wichtige Wurzel des Problems entdeckt. Nicht nur in diesem Konflikt mit Tobi, sondern vor allem eben mit mir selber. Das zu erkennen, hat mir viel gebracht. Ich habe diese Wurzel bei Jesus am Kreuz eingetauscht gegen seinen Blick auf mich und seine Liebe für mich, und bin danach mit Gottes Hilfe einen Schritt nach dem anderen gegangen, um mich und meine Haltung zu verändern und die Perspektive und den Persönlichkeitstyp meines Mannes besser zu verstehen..

Wenn wir uns über das Thema Geschenke gestritten haben, kam von meiner Seite noch erschwerend hinzu, dass ich mich als Schildkröte immer wie ein Opfer gefühlt habe. Das habe ich im Gebet und in vielen Gesprächen mit Freunden und in meiner Smallgroup, so nennen wir im ICF die Hauskreise, herausfinden können. Nach und nach konnte ich so auch mein Opfer-Denken bei Jesus am Kreuz abgeben. Denn dieses ständige Beleidigt-Sein löste den Konflikt nicht, und auch nicht das Gefühl, ständig von meiner Frau unverstanden zu sein. Beides hat den Streit nur verstärkt. Doch meine Schildkröte hatte bei allem Rückzugsverhalten auch einen Vorteil: In meinem Panzer konnte ich viel beten und bekam Ideen, wie wir in Zukunft diese Problematik angehen könnten. Von daher hatte die Zeit als Schildkröte auch ihr Gutes.

Solche grundsätzlichen Dinge brauchen Zeit und entwickeln sich nicht so linear, wie ich es hier zusammenfasse. Bitte mach dir das bewusst und sei nicht enttäuscht, wenn es bei deinem konkreten Problem auch mal Rückschläge gibt.

Auch ich kämpfe noch immer innerlich mit meinen alten Mustern. Aber es ist viel besser geworden. Bekomme ich heute etwas von Tobi geschenkt, was mir nicht gefällt, haben wir ausgemacht, dass ich das ehrlich sagen darf. Aber erst mal freue ich mich grundsätzlich darüber. Ich erkenne an, dass er sich Mühe gemacht hat, mir etwas zu besorgen, und sehe die liebevollen Absichten dahinter.

Ich weiß mittlerweile auch, dass Frauke weiße oder altrosa französische Tulpen schöner findet als das bunte

Omasträußchen von der Tankstelle. Doch wenn es nicht anders geht, wenn ich vielleicht auf dem Heimweg am Sonntagabend spontan das Gefühl habe, dass ich ihr etwas schenken möchte, dann bringe ich eben doch auch solche Blumen mit. Der Unterschied zu früher ist, dass ich ihr erkläre, weshalb ich diese Blumen gekauft habe. Das hätte ich damals nicht gemacht.

Tobis Erklärung macht für mich einen großen Unterschied. So freue ich mich auch über Blumen, die mir eigentlich nicht so sehr gefallen, weil ich jetzt weiß, dass sie von Herzen kommen. Und wenn Tobi mir erklärt, warum er mit Tankstellenblumen kommt, merke ich, dass ihm meine Sicht bewusst ist. Dann fühle ich mich durch seine Erklärung UND die Blumen wertgeschätzt und geliebt.

Wir konnten irgendwann beide die persönlichen Wurzeln unseres destruktiven Verhaltens ans Kreuz bringen und somit unseren inneren Konflikt mit Jesu Hilfe bereinigen. Er hat es geschafft, unsere Verkalkungen zu lösen und den Liebesfluss wieder strömen zu lassen.

So funktioniert der Tausch am Kreuz [19]

Jesus ist für unsere Verfehlungen am Kreuz gestorben. Es gibt Dinge, die deine Selbstliebe, aber auch die Liebe zu anderen und zu Gott stören, wie zum Beispiel innere Zerrissenheit, Vergleiche, Festlegungen, Flüche, Unzufriedenheit, Verletzungen und vieles mehr. All das kannst du sozusagen innerlich zu Jesus ans Kreuz bringen und gegen gute Eigenschaften eintauschen.

Das sind, in aller Kürze, die Schritte, die du im Gebet gehen kannst:

***Erkennen:* Mache dir ehrlich die Dinge bewusst, bei denen du in deinem Leben und auch in deinem persönlichen Verhalten an Gottes Zielen[20] vorbeigeschrammt bist. Am besten lädst du Gott ein, dir diese Dinge aufzuzeigen. Du kannst dir diese Erkenntnisse auch notieren, um sie dann im Gebet konkret abgeben zu können.**

***Bekennen:* Sprich diese Dinge offen im Gebet vor Jesus aus und lasse sie bewusst los. Das könnte so klingen: »Jesus, du siehst, dass ich mit ständigen Vergleichen zu kämpfen habe. Ich bitte dich um Vergebung und gebe dir dieses Schielen auf andere ab und lasse es bei dir am Kreuz. Dort ist es gut aufgehoben, und du kannst damit besser umgehen als ich.«**

***Handeln:* Lasse dir von Gott zeigen, was (und vor allem wie) du konkret etwas eintauschen und verändern kannst, und ziehe praktische Konsequenzen aus diesem Gebet, indem du alte Verhaltensmuster aufgibst und anfängst, neu zu denken und anders zu handeln.[21] Vereinfacht gesagt: Wenn du gestohlen hast, dann bring das Diebesgut zurück. Wenn du lästerst, hör auf damit und entschuldige dich bei deinem Gegenüber.Ein mögliches Gebet dazu wäre: »Jesus, ich möchte mir im Gegenzug eine Wahrheit von dir abholen. Danke, dass du mich so annimmst, wie ich bin, und ich nichts tun kann, was mich in deinen Augen besser oder schlechter macht. Danke, dass deine Liebe bedingungslos ist. Zeig mir Ideen, wie ich das im Alltag leben kann, ich werde versuchen, diese umzusetzen.«**

Nimmst du Jesu Angebot an, dann sprengt er die Ablagerungen aus den Rohren.

Nur dann, wenn der Sohn euch frei macht, seid ihr wirklich frei.

Johannes 8,36

Das ist aber meistens ein Prozess, denn der Kalk in unserem System ist oft hartnäckig. Aber Jesus nimmt Schicht für Schicht weg und hilft uns auch dabei, dass sich der Kalk nicht wieder ablagert. Wenn wir immer wieder Schritte mit Jesus gehen, dann können wir eine neue Dimension der Freiheit erleben. Ich nehme heute immer noch den Heiligen Geist mit auf Shoppingtour, durch ihn ist meine Trefferquote viel höher geworden. Wenn das Geschenk dann trotzdem nicht gefällt, fühle ich mich nicht mehr als Opfer und bin nicht beleidigt.

Ich weiß mittlerweile, dass Tobi sich Mühe gibt, mir Geschenke auszusuchen. Das Erstaunliche ist, je mehr ich das Thema losgelassen habe, desto öfter traf Tobi mit seinen Überraschungen ins Schwarze.

Übrigens hat Gott mir auch geholfen, meine Geschichte vom Anfang des Kapitels mit Bene und meinen Schwiegereltern zu lösen. Obwohl ich in diesem Moment sehr emotional war, weil alle etwas von mir wollten und ich nicht wusste, was ich zuerst machen sollte, habe ich es geschafft, kurz zu beten. Dass ich mich innerlich zerrissen fühlte, war mir vorher schon unterbewusst klar. Aber ich liebe es, wie Gott mich erforscht und mir Impulse gibt. Er hat mir gezeigt, dass ich grundsätzlich anderen sehr gerne helfe, und mich beruhigt: »Frauke – mach einfach eins nach dem anderen, Schritt für Schritt, dann schaffst du alles.« Es macht einen Unterschied, wenn man das im Gebet hört oder selber zu sich sagt. Ich habe beschlossen, Gott zu glauben. Ich bin zu Bene gegangen, habe mich bei ihm entschuldigt, und wir haben gemeinsam rausgefunden, wie die Hausaufgaben funktionieren. Dann konnte ich innerhalb von nicht einmal fünf Minuten die Zugfahrt stornieren (an dieser Stelle ein großes Dankeschön an die Deutsche Bahn, dass das so unkompliziert geht!), meine Schwiegereltern anrufen und mich für meinen genervten Ton am Telefon entschuldigen. Am Ende hatte ich sogar noch genug Zeit, um in Ruhe meine Arbeit zu erledigen, denn Bene hat sich super selber beschäftigt. Auch bei dieser Geschichte lag das Hauptproblem in mir selber. Gott hat mir geholfen. Er hat die Verstopfung gelöst, mich beruhigt, mein inneres Chaos strukturiert und mich sozusagen in Flow gebracht. Danach war ich in der Lage, mich liebevoll um meinen Sohn und meine Schwiegereltern zu kümmern, denn das Liebesflusssystem in mir lief wieder störungsfrei.

GEH AUF EMPFANG

»Nach links, nein, nach rechts – bisschen links ... ja ... super! Und jetzt genau so bleiben!«

So hörte es sich früher in vielen Haushalten an, als die Fernsehgeräte noch über Zimmerantenne liefen. Das Fernsehbild war verschwommen und grob pixelig. Aber wenn die Antenne die richtigen Signale empfing, wurde das Bild schärfer.

Das göttliche Ziel von Konflikten ist immer, dass du tiefer hinter die Kulissen blicken kannst und das Gesamtbild schärfer wird. Dabei ist es egal, ob du die Konflikte mit dir selber oder mit anderen hast. Du wirst immer tiefer verstehen lernen, warum andere oder du selber so handeln, wie sie es tun, und kommst so weiter. Das kann manchmal dauern und braucht Geduld. Bis wir das Geschenkproblem lösen konnten, hat bei uns Jahre gedauert. Wir haben viel ausprobiert, mit Coaches darüber gesprochen und uns Tipps von Freunden geholt. Dabei haben wir uns weiterentwickelt, hatten aber auch Rückfälle. Eine Zeit lang haben wir uns zum Beispiel einfach Geld geschenkt. Das war uns aber dann irgendwann auch zu unpersönlich. Wir sind mit Jesus Schritte gegangen, haben aber auch ganz praktisch Dinge ausprobiert. Zum Beispiel gemeinsam shoppen zu gehen. Das brauchte von meiner Seite aus echt eine Entscheidung, denn ich gehe gar nicht gern shoppen – aber auch das war gut. Es ging nämlich nicht darum, dass Frauke mit mir im Geschäft steht und mir ihre Wunschliste diktiert, sondern darum, dass ich sie durch diese Aktion besser kennenlerne.

Ich zeige Tobi immer wieder Dinge, die mir gefallen, und erkläre ihm, warum sie das tun. So entstehen auch Gespräche, in denen wir uns gegenseitig immer mehr voneinander zeigen.

Mittlerweile weiß ich, dass Frauke romantisch ist und verspielte Dinge mag, ich verstehe sie besser, und wir haben durch diesen Weg auch mehr Herzensnähe bekommen. Um im Fernsehbild zu sprechen: Ich habe ihre Signale empfangen und das Bild von ihr wurde schärfer.

Die Schildkröte traut sich aus ihrem Panzer, und der Gorilla haut nicht mehr sofort drauf, sondern isst (im übertragenen Sinn) erst mal eine Banane und sagt dann (mit weniger Emotionen), was er denkt. Aber wir brauchten wirklich Jesu Hilfe, um das heute so leben zu können.

Gott kann dir also helfen, deine inneren Kämpfe zu beseitigen. Er kann dich frei machen, sodass seine Liebe im Liebesfluss ohne Hindernisse durch dich durchrauschen kann. Aber was ist, wenn du Gottes Angebot vielleicht nicht annehmen kannst oder es nicht annehmen magst? Dann wird es schwierig, die Verkalkungen deiner Selbstbeziehung zu lösen. Vielleicht hast du sogar einen Konflikt mit Gott? Dann staut sich an dieser Stelle der Liebesfluss. Wie man diese Stelle entkalken kann, sehen wir uns im nächsten Kapitel an.

3.

DU UND GOTT

Das göttliche Liebesflusssystem hat ein Problem: Es ist von menschlicher Seite aus leider störanfällig. Ständig muss man ran an die Rohre, sie reinigen und an sich und seinen Beziehungen arbeiten. Wir haben bereits gezeigt, dass eine intakte Selbstbeziehung wichtig ist, damit die Liebe durch die Rohre strömt. Unsere Erfahrung ist, dass Gott dir dabei helfen kann, indem er dir zeigt, welche ungesunden Verhaltens-Muster du aus deiner Selbstbeziehung ziehen kannst, denn diese Muster verstopfen die Rohre. Der Tausch am Kreuz hilft dir dabei, sie loszuwerden, damit die Rohre wieder frei sind.

WIE IST DEIN GOTTESBILD?

Vorurteile gegen Gott

Es gibt viele Menschen, die dieses Angebot vom Kreuz nicht nutzen. Manche kennen es einfach nicht, andere wissen nicht, wie sie es umsetzen sollen.[22] Wieder andere, und denen möchten wir uns in diesem Kapitel besonders zuwenden, wenden sich bei Konflikt- und Beziehungsdingen gar nicht an Gott. Das ist ein großes Problem, denn Gott ist die Quelle des Liebesflusses. Erst wenn du diese Liebesquelle annimmst, kannst du Liebe für dich selber empfangen und an andere weitergeben. Menschen, die Gott nicht ihre Sorgen geben, denken vielleicht, dass er sich nicht für sie interessiert, nicht kompetent genug ist, oder sie glauben, dass er ein Tyrann ist, der ihnen eh jeden Spaß verbieten will.

Mir ging es früher ähnlich: Ich habe gedacht, dass Gott mich immer ärgern will und prinzipiell Sachen von mir verlangt, die ich nicht machen möchte und die nicht zu mir passen. Ich war z.B. fest davon überzeugt, dass er mir im Gebet, wenn es um meine Zukunft ging, vielleicht sagen würde: »Tobi, geh nach Afrika!« Das hätte ich aber nicht gewollt, denn ich wohnte gerne hier in Deutschland. Ich habe Gott nicht vertraut und war deshalb, wenn es um Zukunftsfragen ging, immer sehr vorsichtig in meinen Gebeten.

Wenn ich mich an meine früheren Gottesbilder erinnere, fällt mir heute auf, dass ich Gott nicht in allen Punkten für kompetent hielt. Zum Beispiel beim Thema Heilung. Ich habe damals selten dafür gebetet, dass er mich oder andere heilt, denn das war einfach kein Thema für mich. Als ich aber am eigenen Leib erlebt habe, dass ich geheilt wurde, nachdem jemand für mich gebetet hatte, hat sich meine Sicht auf Gott total geändert. Ich weiß heute: Gott kann alles! Ich bete mittlerweile oft um Heilung für andere und habe schon so unfassbare Dinge mit Gott erlebt, die mir zeigen, wie fähig und kompetent mein himmlischer Vater ist!

Sowohl Frauke als auch ich hatten damals falsche Gottesbilder.[23] Vielleicht kennst du das auch? Es gibt unzählige negative Ansichten über Gott, die in den Köpfen verankert sind. Von der Spaßbremse über den Schwächling bis hin zum verstaubten Tattergreis. Ich habe schon so viele Meinungen gehört, wie Gott ist. Doch falsche Gottesbilder stören den Liebesfluss, und ich möchte sie gerne mit dir bereinigen, damit du in deinem Leben auch diese Staustufe beseitigen kannst. Zunächst schauen wir uns also eine ganz wichtige Facette von Gottes Wesen an.

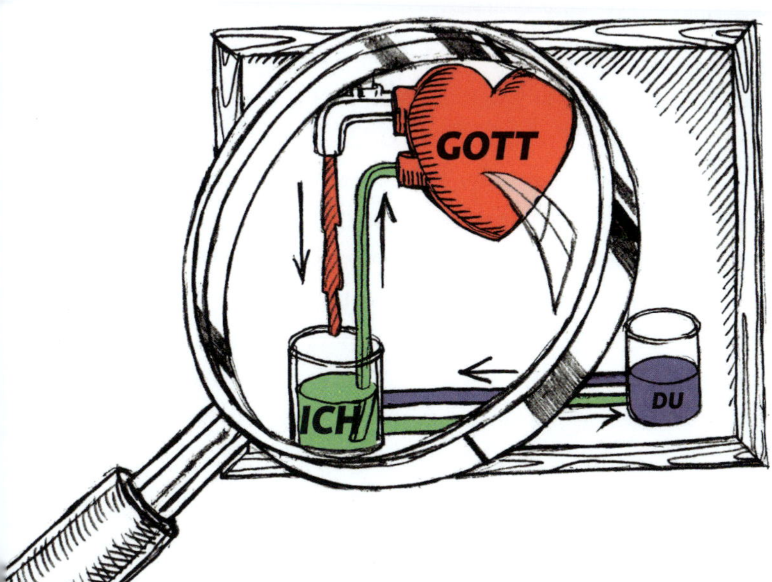

GOTT IST LIEBE

Wenn du wirklich wissen willst, wie andere Menschen sind, fragst du am besten ihre Kinder, denn die können dir ziemlich genau sagen, was ihre Eltern ausmacht. Deshalb lasst uns mal Jesus fragen, was er über seinen göttlichen Vater sagt:

Jesus aber rief und sprach: Wer an mich glaubt, glaubt nicht an mich, sondern an den, der mich gesandt hat; und wer mich sieht, sieht den, der mich gesandt hat.

Johannes 12, 44–45; ELB

Jesus spricht hier von Gott, seinem Vater. Wenn wir uns also Jesus zuwenden, der ja Mensch war und den seine Zeitgenossen sehen und erleben konnten, dann sehen wir auch denjenigen der ihn gesandt hat: seinen Vater, Gott.

Jesus zeigt uns an vielen Stellen in der Bibel, dass Gott ein liebender Vater ist. Natürlich hat er noch viel mehr positive Wesenszüge, aber ich möchte meinen Fokus in diesem Buch vor allem auf den liebenden Gott legen. Erkenne ich diese Liebe nicht und wende mich von meinem himmlischen Vater ab, dann verstopft der Liebesfluss.

Im Gleichnis vom verlorenen Sohn (Lukas 15,11–32) möchte Jesus dir helfen, dein Gottesbild wieder scharf zu stellen, Gottes Liebe für dich zu erkennen und den inneren Konflikt, den du vielleicht mit Gott hast, zu bereinigen. Der Sohn läuft von seinem Vater weg, in ein Land, das ihm erst mal ziemlich reizvoll erscheint. Er lebt in Saus und Braus und lässt es ziemlich krachen, bis er pleite ist. Dann wendet sich das Blatt: Es kommt eine Hungersnot. Doch auch da geht er nicht zurück nach Hause. Ich spekuliere mal, dass er sich wahrscheinlich nicht traut, seine Niederlage einzugestehen oder Angst vor der Reaktion seines Vaters hat.

Schließlich muss er sich sogar vom Schweinefutter ernähren. Er fühlt sich wertlos, sogar den Arbeitern auf dem Hof seines Vaters geht es besser als ihm. Schließlich kommt er reumütig zurück. Er will nicht viel vom Vater, ist sogar bereit, als Tagelöhner für ihn zu arbeiten. Doch der Vater erwartet ihn schon, nimmt ihn sofort auf und feiert sogar ein Fest!

Jesus möchte diese Geschichte auf unsere Gottesbeziehung übertragen.[24] Egal, wie weit wir uns vom Vater entfernt haben, an seinen Ideen für unser Leben vorbeigeschrammt sind: Er wartet schon auf uns. Wenn wir das erkennen und umkehren, nimmt er uns immer wieder auf! Denn Gott liebt uns. Er ist ein liebender Vater für uns Menschen. Das ist eine Tatsache. Wir können diese Liebe jederzeit annehmen (1. Johannes 4,7–10). Gerade in schweren Zeiten, wenn es uns nicht gut geht, dann wünscht sich Gott, dass wir zu ihm kommen. Doch in der Krise rennen viele lieber davon, und Gott scheint für sie weit weg zu sein. Aber das ist er nicht. Es ist ungefähr vergleichbar mit folgender Situation: Stell dir vor, dein Kind ist fasziniert vom neuen Kamin. Du sagst ihm ständig: »Schatz, bitte geh nicht so nah an das Feuer! Das ist sehr heiß!« Aber die flackernden Flammen ziehen dein Kind so sehr an, dass es versucht, das Feuer anzufassen und: Aua! Verbrennt sich die Finger. Schreit, weint, rennt zu dir und braucht Trost! Was machst du jetzt? Sagst du: »Ich habe es dir doch gesagt! Du solltest das Feuer doch nicht berühren! Selber schuld, jetzt kannst du sehen, wie du mit deinen Brandblasen fertig wirst. Ich kümmere mich nicht um dich!« Nein, ich glaube, dass du dein Kind in den Arm nehmen, die Wunde verbinden und das Kind trösten würdest, denn du bist sein liebender Papa. Dieses Bild hilft mir auch nach Fehlern und wenn ich im Leben falsch abgebogen bin, immer wieder zu meinem himmlischen Vater und seinem Sohn zu gehen. Ich weiß, dass sie mich nicht wegschicken, sondern mich immer wieder in den Arm nehmen, egal was ich gemacht habe. Und wenn dich das immer noch nicht überzeugt hat, kannst du an vielen Stellen in der Bibel nachlesen, wie sehr Gott uns liebt:

> *Kann uns noch irgendetwas von der Liebe Christi trennen? Wenn wir vielleicht in Not oder Angst geraten, verfolgt werden, hungern, frieren, in Gefahr sind oder sogar vom Tod bedroht werden?...*

Und wären wir hoch über dem Himmel oder befänden uns in den tiefsten Tiefen des Ozeans, nichts und niemand in der ganzen Schöpfung kann uns von der Liebe Gottes trennen, die in Christus Jesus, unserem Herrn, erschienen ist.

Römer 8,35.39

Solche und andere Verheißungen findest du in der Bibel. Sie können dir zeigen, wie groß Gottes Liebe für dich ist.[25]

Im Gebet kannst du auch deine falschen Bilder und Vorstellungen von Gott bei ihm persönlich abgeben und ihn um Vergebung bitten. Er hilft dir gerne, dass du ein gutes Bild von seinem Wesen bekommst.

DER LIEBENDE GOTT IN DEINEM LEBEN

Die Liebessprachen

Nicht nur in der Bibel findest du zahlreiche Verweise darauf, dass Gott dich liebt (1. Johannes 4,16 oder Johannes 3,16), auch in deinem

Alltag kannst du Gottes Liebe erleben. Er sendet nämlich ständig Liebe aus, wie ein riesiger Funkmast, der in Dauerschleife Liebeswellen zu uns schickt. Diese Liebeswellen kommen aber nicht immer bei uns an, was schon zu Zeiten der Bibel bekannt war.

> *Aber Gott redet doch auf die eine und andere Weise,*
> *wir merken es nur nicht.*
>
> ***Hiob 33,14***

Übrigens ist das in menschlichen Beziehungen ähnlich. Wir verpassen oft, dass der Partner uns eigentlich eine Liebeserklärung macht oder unsere Freunde in uns investieren. Dein Mann zeigt dir vielleicht seine Liebe, indem er dein Fahrrad repariert, oder deine Frau äußert ihre Liebe, indem sie dich für die tolle Urlaubsauswahl lobt. Bei dir kommt das vielleicht nur als Fakt an, und du erkennst gar nicht, dass der andere diese Dinge tut, um dir zu sagen: »Ich liebe dich.« Dann kann es passieren, dass der andere vielleicht enttäuscht ist und eine Missstimmung zwischen euch entsteht, die unausgesprochen bleibt. Jeder Mensch spricht seine eigene »Liebessprache«, und es ist gut und hilfreich, sie zu verstehen. Sie zu kennen, kann Konflikte vermeiden. Der Psychologe Gary Chapman[26] hat 5 Sprachen der Liebe herausgefiltert. Ich möchte dir diese zwischenmenschlichen Liebessprachen gerne kurz vorstellen und dabei versuchen, sie auf unsere Gottesbeziehung zu übertragen. Das ist eine Möglichkeit, den liebenden Gott in deinem Leben zu entdecken. Verstehst du diese Sprachen, kann sich dein Gottesbild zum Positiven verändern. Du kannst erkennen und erleben, dass Gott dich liebt, und spürst, wie die Liebe Gottes durch dich hindurchfließt und dein Liebesflusssystem zum Laufen bringt.

Kurz zum Verständnis: Die Liebessprachen sind vergleichbar mit den normalen Sprachen. Ich spreche meistens eine oder eine

Mischung aus ihnen als »Muttersprache«, während die anderen für mich wie »Fremdsprachen« sind. Diese sollte ich lernen, damit ich den anderen verstehen kann, und auch mein Gegenüber sollte meine Liebessprache(n) verstehen, damit wir nicht aneinander vorbeireden. So kommt die Liebe, die wir ausdrücken möchten, beim anderen auch an. Ich sollte offen sein für die andere Art und Weise, wie mein Partner Zuneigung kommuniziert: Genau darin liegt die Herausforderung.

Gott spricht meiner Meinung nach alle Liebesprachen und versteht auch alle. In der Kommunikation mit ihm liegt das Problem auf unserer menschlichen Seite: Uns fehlen die Antennen, um auf allen Liebeskanälen empfangsbereit zu sein.

Aber um die verschiedenen Liebessprachen zu verstehen, sollte man sie erst einmal kennen:

Lob und Anerkennung

»Du hast so toll aufgeräumt! Vielen Dank!« Das wäre so ein Satz, den Menschen, die diese Liebessprache sprechen, sagen oder gerne hören würden. Sie loben und wollen gelobt werden. Das tut ihnen gut.

Was bedeutet das auf Gott bezogen? Ich persönlich bekomme Lob und Anerkennung von ihm, wenn ich die Bibel lese. Dort kann ich erkennen, wie Gott mich sieht.

> *Ich danke dir, dass du mich so herrlich und ausgezeichnet gemacht hast!*
>
> **Psalm 139,14**

Gott hat mich herrlich und ausgezeichnet gemacht! Das geht runter wie Öl! Schalte ich also auf den Kanal »Lob und Anerkennung«, dann kann ich Gottes Liebe durch so einen Satz direkt auf mich beziehen. Ich fühle mich geliebt und weiß, dass Gott mit mir keinen Fehler gemacht hat und einen guten Plan mit mir hat. Schlägst du Gottes Wort auf, verspreche ich dir, dass du viele solcher Lobeshymnen an dich findest, wie diese hier:

> *Der Herr, euer Gott ist in eurer Mitte; und was für ein starker Retter ist er! Von ganzem Herzen freut er sich über euch. Weil er euch liebt, redet er nicht länger über eure Schuld. Ja, er jubelt, wenn er an euch denkt!*
>
> ***Zefanja 3,17; HFA***

Zweisamkeit

Menschen, die die Sprache der Zweisamkeit sprechen, wollen wirklich bewusst Zeit mit dem Partner oder dem Freund verbringen. Sie lassen sich nicht von anderen Dingen ablenken, sondern geben dem Gegenüber ihre ungeteilte Aufmerksamkeit. Sei es bei einem schönen Abendessen oder einem gemeinsamen Ausflug.

Das geht auch mit Gott: Ich persönlich erlebe Zweisamkeit mit ihm zum Beispiel beim Joggen, wenn ich ganz allein mit ihm bin und im Dialog bete. Ich spüre dabei seine Liebe, weil er mir antwortet und sich mir zuwendet. Auch wenn ich in der Bibel lese, spüre ich Gottes Gegenwart. Ich habe die Erfahrung gemacht, dass ich diese Sprache am besten hören kann, wenn ich mit Gott alleine bin. In der Smallgroup und im Gottesdienst ist es für mich schwieriger, diesen Kanal einzuschalten.

Geschenke

Das Thema Geschenke haben wir, zumindest was Frauke und mich angeht, schon vorgestellt. Ich habe die Sprache anfangs gar nicht gesprochen. Erst als ich merkte, dass sie eine von Fraukes Hauptliebessprachen ist, habe ich begonnen sie zu lernen. Und trotzdem haben wir beide damals dieselbe Sprache in unterschiedlichen Dialekten gesprochen. Frauke sozusagen in Plattdeutsch und ich in Niederbayrisch. Kein Wunder, dass wir uns da trotzdem nicht verstanden haben. Im Laufe der Zeit haben wir uns bemüht, beim Thema Geschenke immer mehr Hochdeutsch miteinander zu sprechen. So konnten wir uns immer besser verstehen und begreifen, wie diese Liebesprache für uns funktioniert. Wir sprechen zwar immer noch Hochdeutsch mit Dialekt, fragen jetzt aber nach, wenn wir ein Wort beim anderen nicht verstehen.

Auch Gott macht uns täglich Geschenke, er spricht also auch diese Liebessprache. Leider übersehen wir das oft und halten seine Geschenke für selbstverständlich, gerade wenn diese Sprache nicht unsere Muttersprache ist. Wenn mich zum Beispiel jemand aus einem Entwicklungsland besuchen würde und ich ihm ein Glas Leitungswasser anbieten würde – vielleicht auch noch etwas peinlich berührt, dass der Kasten Mineralwasser leer ist –, könnte es sein, dass er zu mir sagt: »Toll! Eine eigene Quelle, mitten im Haus! Du dankst Gott bestimmt jeden Tag für dieses Geschenk!« Da müsste ich dann zugeben: »Mh, ehrlich gesagt, nein.«

Unser Leben, die Geistesgaben (1. Korinther 12,1–11) oder auch Jesus, der uns rettet – das sind Geschenke von Gott an uns, die wir im Alltag leicht übersehen. Ich versuche immer wieder, mir Gottes Geschenke an mich deutlich zu machen und ihm dafür zu danken.

Alles, was gut und vollkommen ist, wird uns von oben geschenkt, von Gott, der alle Lichter des Himmels erschuf.

Jakobus 11,17

Hilfsbereitschaft

Bei der Liebessprache der Hilfsbereitschaft spielt es keine Rolle, wie groß die Hilfe ist. Ob man mal eben bei Wikipedia eine Information recherchiert, damit der andere weiterkommt, oder jeden Tag für ihn einkaufen geht, weil er ein gebrochenes Bein hat. Wer die Sprache der Hilfsbereitschaft spricht, dem ist keine Aufgabe zu klein oder zu groß, wer sie jedoch nicht als Muttersprache hat, übersieht die Liebesdienste leicht und sieht sie gar nicht als Ausdruck deiner Liebe.

Auch Gott ist hilfsbereit, was z.B. im folgenden Bibelvers deutlich wird.

Ladet alle eure Sorgen bei Gott ab, denn er sorgt für euch.

1. Petrus 5,7; HFA

Als ich diesen Satz gelesen habe, hat er mich sehr beschäftigt, und ich habe mir überlegt, wie ich das praktisch ausprobieren und leben kann. Also legte ich mir eine Sorgenkiste an. Alle Dinge, und waren sie auch noch so klein, habe ich abends auf Zettel geschrieben, in die Box gelegt und gesagt: »So, Jesus! Ich werfe jetzt meine Sorgen auf dich!« Kurz vor Silvester öffnete ich im Rahmen meines Jahresrückblickes die Kiste, um nachzusehen, was mich im letzten Jahr alles so beschäftigt hatte. Es war ein überwältigendes Erlebnis für mich: Fast alle damals so zermürbenden Nöte waren nicht mehr da! Ich habe gemerkt, wie Gott sich um alles gekümmert hat. Manchmal dauerte es auch wirklich lange, bis sich das Problem in Luft aufgelöst hat. Aber im Nachhinein habe ich deutlich gemerkt, wie groß Gott ist und dass er mir wirklich hilft.

Zärtlichkeit

Es gibt Paare, die auch noch nach Jahren ständig Händchen halten und den anderen sehr gerne berühren, da sie durch diese Sprache am besten Liebe geben und empfangen können. Es geht ihnen dabei nicht in erster Linie um Sex, es geht um Berührungen. Menschen mit dieser Liebessprache empfinden kleine Zärtlichkeiten in der Öffentlichkeit als großen Liebesbeweis.

Ich finde, dass auch Gott uns berühren kann. Ja, ich weiß, das ist ein herausfordernder Gedanke, aber Gott sendet tatsächlich auf der Zärtlichkeitswelle, wenn er starke Emotionen in uns auslöst. Du hast es vielleicht schon mal in einem Gottesdienst oder beim intensiven Worship (gesungene Gebete) erlebt. Dann berührt Gott dich, und es durchströmt dich große Liebe. Ich kenne auch Geschichten, in denen er Menschen konkret den Auftrag gegeben hat, jemand anderem physisch Trost zu spenden. Eine Freundin erzählte mir mal, wie sie auf einem christlichen Event traurig und einsam war. Sie betete und erzählte Gott davon. Und auf einmal kam eine andere Frau zu ihr und nahm sie in den Arm. Sie hatte ebenfalls gebetet und den Impuls bekommen, das zu tun. Wenn ich solche Erlebnisse höre, dann durchläuft mich ein emotionaler Schauer. Doch auch hier gilt: Um diese Form der Liebe zu erleben, müssen die Antennen auf Empfang sein.

Wir sind (meist) mehrsprachig

Jeder Mensch spricht meistens ein, zwei und manchmal auch noch mehr Liebessprachen, das ist sehr unterschiedlich. Vielleicht hast du dich beim Lesen schon eingeordnet und überlegt, welches deine Liebessprache ist, und bist zwischen einigen hin- und hergesprungen. Grundsätzlich darfst du natürlich so viele für dich annehmen, wie du willst.[27]

In meiner Partnerschaft spreche ich persönlich die Hauptliebessprachen Lob und Anerkennung und Zärtlichkeit. In Bezug auf Gott habe ich aber andere – ihn höre ich am besten bei Zweisamkeit und Hilfsbereitschaft. Du siehst, dass die Liebessprachen auch je nach Gegenüber variieren können.

Bei mir sind die Hauptliebessprachen gleich, egal ob auf den Partner oder Gott bezogen: Ich spreche und verstehe vor allem Geschenke und Hilfsbereitschaft. Tobi spricht in der Partnerschaft aber ganz andere Sprachen: Lob und Anerkennung und Zärtlichkeit. Damit wir aber nicht aneinander vorbeireden und unsere Liebe verpassen, habe ich mir zum Beispiel angewöhnt, ihn bewusst in den Arm zu nehmen, ihm immer wieder zu sagen, was ich an ihm toll finde und besonders liebe. Ich entscheide mich also dafür, seine Sprache zu sprechen. Es ist für mich sozusagen ein Geschenk an ihn, damit meine Liebe auch bei ihm ankommt. Und somit passen unsere beiden Sprachen (Zärtlichkeit und Geschenke) wieder zusammen.

Wir haben uns natürlich über unsere Liebessprachen unterhalten, als wir entdeckt haben, dass es sie gibt. Das war echt interessant, kann ich dir nur empfehlen. Ich habe zum Beispiel gemerkt, dass es für mich wichtig ist, Lob und Anerkennung zu bekommen, ich dies aber gar nicht an andere weitergegeben habe.

Ich habe grundsätzlich kein Problem damit, Dinge zu sehen, die Tobi gut gemacht hat, aber mir ist aufgefallen, dass ich früher das Positive zwar registriert und wertgeschätzt, aber selten ausgesprochen habe.

Nachdem wir diese grundsätzlichen Dinge festgestellt haben, haben wir uns irgendwann angewöhnt, Dinge, die uns gefallen, laut zu sagen und nicht mehr nur zu denken, auch wenn sie noch so klein und unbedeutend sind. Komme ich z.B. nach Hause und freue mich, dass Frauke gekocht hat, dann denke ich das nicht nur und esse gut gelaunt, sondern sage es ihr, sodass sie sich freut, auch wenn es nicht ihre Hauptsprache ist.

Ich bedanke mich z. B., wenn Tobi mir Zeit schenkt, indem er auf unseren Sohn aufpasst und ich den Tag so verbringen darf, wie ich das möchte. Ich nehme das dann nicht als selbstverständlich an, weil er ja Benes Vater ist und sich gefälligst zu kümmern hat, sondern sehe es als Geschenk, was ich ihm dann auch sage.

Positive Dinge auszusprechen ist bei uns mittlerweile eine Familienkultur geworden. Am Anfang mussten wir es noch trainieren, heute machen wir es ganz automatisch.

ÖFFNE ALLE KANÄLE

Ich schlage dir mal ein Experiment vor: Frag doch mal deinen Partner oder deinen besten Freund, was er in der letzten Woche aus Liebe zu dir getan hat. Aus eigener Erfahrung kann ich dir sagen, dass du überrascht sein wirst, was er dir alles sagen wird, denn vieles wirst du nicht bemerkt haben. Oder auch andersherum: Du wolltest deine Liebe ausdrücken, und es kam auf der anderen Seite nicht an, weil du einfach nicht offen für seine »Liebessprache« warst. Dieses Experiment kannst du übrigens auch mit Gott machen. Vielleicht erinnerst du dich an Situationen oder Dinge, durch die er dir in der letzten Zeit seine Liebe gezeigt hat. Dabei hilft dir der Heilige Geist. Du kannst aber auch die andere Richtung einschlagen, nach vorne schauen und dir beispielsweise drei Wochen lang immer aufschreiben, was du mit Gott erlebst, und versuchst dabei, auf alle Liebessprachen zu hören. Wenn du dir diese Liste später anschaust, wird dir Gottes Liebe bewusst. Ich habe das schon ein paarmal gemacht und war echt überrascht, wie lang die Liste war und wie viel ich verpasst hätte, wenn ich es mir nicht aufgeschrieben hätte.

Gott sendet jedenfalls auf allen Kanälen der Liebessprachen, und ich empfehle dir, deine Empfangsantennen auf alle Wellenlängen auszurichten. Ich habe gemerkt, dass man sonst richtig viel verpassen kann. In meiner Partnerschaft fällt mir die Sprache der Zärtlichkeit leicht, aber in meiner Gottesbeziehung habe ich mich lange damit schwergetan. Wenn andere um mich herum gerührt waren, vielleicht sogar Tränen in den Augen hatten, weil sie Gott gerade intensiv erlebten, stand ich emotionslos daneben. Ich fand es zwar rührend, dass sie so ergriffen waren, spürte aber selbst wenig Emotion. Ich habe lange immer zu mir gesagt: »Tobi, du bist halt nicht so der emotionale Typ!« Aber da Gott auf allen Kanälen sendet, wollte ich diesen einen nicht verpassen, und die Ausrede, dass ich nicht emotional bin, wollte ich nicht mehr gelten lassen. Ich versuchte also, das zu ändern und abzugeben. Heute gibt es hin und wieder Momente, in denen ich starke Gefühle bekomme. Ich stehe dann auf der Bühne oder davor und erlebe im Worship ganz intensiv, wie Gottes Liebe durch mich fließt und Emotionen in mir hervorruft. In diesen Momenten fühle ich mich dann stark von ihm geliebt. Die Zärtlichkeitssprache ist zwar immer noch nicht meine

Hauptliebessprache, aber ich bin mittlerweile empfänglich dafür. Ich musste aus meiner Komfortzone herauskommen, an mir arbeiten, mich anderen Liebessprachen öffnen, damit in meinem persönlichen Liebesflusssystem kein Kalk zwischen mir und Gott die Rohre verengt. Auch auf die menschlichen Beziehungen kannst du das übertragen, denn auch hier kannst du Liebe verpassen, wenn du dich nur auf deine persönliche Liebessprachen festlegst.

REGELMÄSSIGE BEZIEHUNGSPFLEGE

Beziehungen zu Gott und zu anderen Menschen zu führen bedeutet, Zeit zu investieren, ständig nachzudenken, dazuzulernen, bewusste Entscheidungen zu treffen, Schritte zu gehen und offen für den anderen zu sein – und das regelmäßig.

Auch in der Gottesbeziehung ist eine dauerhafte Beziehungspflege wichtig. Damit dein Herz nah bei Gott bleibt und du in diesen Zeiten offen bist, um beispielsweise auf seine Liebessprachen zu hören. Diese Momente bieten dir eine Möglichkeit, bewusst Gottes Liebe zu erleben, und das hilft dir, dass dein Gottesbild nicht verzerrt wird und das Liebesflusssystem stört.

Rituale mit Gott

Ehrlich gesagt schaffe ich es nicht immer, regelmäßig Zeit mit Gott zu verbringen, denn mein Tag ist oft so vollgepackt mit To-dos und Terminen, dass die Verabredung, die ich mal mit Gott getroffen habe, doch hin und wieder leider ausfällt. Damit bin ich aber nicht glücklich, denn dann merke ich, dass meine Gottesbeziehung auf Dauer leidet. Der Witz ist ja, dass ich gerade in den herausfordernden Momenten durch die Minuten mit Gott auftanken kann.

> *Den Erschöpften gibt er neue Kraft, und die Schwachen macht er stark.*
>
> ***Jesaja 40,29; HFA***

Mir sind meine täglichen Zeiten mit Gott sehr wichtig. Da ich aber Abwechslung mag, versuche ich die Zeit mit ihm immer anders zu gestalten. Eine Zeit lang habe ich z. B. jeden Morgen ein Glas Wasser getrunken, denn ich wollte damit im übertragenen Sinne das Wasser in mir aufnehmen, das mich niemals dürsten lässt (Johannes 4,14). Das war kein Aberglaube, sondern mein Ritual, um den Heiligen Geist in meinen Tag einzuladen. Dann habe ich mir einen Sessel hingestellt und mir einen Bibelleseplatz kreiert, indem ich mich in den Sessel gekuschelt habe und dabei den Eindruck hatte, in

Gottes Hand geborgen zu sein. Auch das habe ich ein paar Wochen so praktiziert und danach wieder etwas Neues ausprobiert: Collagen mit Gott. Ich blättere dabei Zeitschriften durch, und sprechen mich Bilder besonders an, dann schneide ich sie aus und bespreche mit Gott, was sie mir sagen könnten. Ich habe mittlerweile schon so interessante Eindrücke dabei bekommen und kann dir das deshalb nur empfehlen. Oder ich lasse mir die Bibel mithilfe eines Podcasts vorlesen. Diese Abwechslung ist meine Art, täglich bei Gott aufzutanken. Vielleicht sieht das bei dir ganz anders aus. Wie man Zeit mit Gott verbringt, ist am Ende egal, wichtig ist nur, dass man es tut.

DIE SPRUDELNDE QUELLE

Für mich ist Gott ein Vater, der es gut mit mir meint und die größte Liebe für mich hat. Ich hoffe, dass du das auch so empfindest. Gott liebt uns. Immer!

Und in dieser Hoffnung werden wir nicht enttäuscht werden. Denn wir wissen, wie sehr Gott uns liebt, weil er uns den Heiligen Geist geschenkt hat, der unsere Herzen mit seiner Liebe erfüllt.

Römer 5,5

Gott ist die Quelle des Liebesflusssystems. Setzt sich aber an der Quelle Kalk an, dann wird es sehr schwer, für sich selber Liebe zu empfangen und sie an andere weiterzugeben. Als Mensch komme ich dann schnell ans Ende meiner Liebesfähigkeit und verurteile mein Gegenüber vielleicht schneller. Gott würde das nicht machen. Der hat deinen Partner und alle Menschen um dich herum genauso lieb wie dich, und er sagt niemals: »Du hast recht, Tobi, die Frauke ist so schwierig. Wie soll man das nur aushalten! Armer Tobi, zieh dich besser zurück!« Nein, Gott würde sagen: »Ich liebe Frauke, sie hat ihre Baustellen, aber Tobi, die hast du auch! Ich gebe dir eine neue Sicht auf die Dinge und helfe dir, Verständnis für ihr Verhalten zu entwickeln. Ich meine es gut mit euch!« Das Gleiche gilt natürlich auch für jede andere Freundschaft, Bekanntschaft oder Beziehung in deinem Leben.

Wenn du das für dich annehmen kannst, weil du Gottes gutem Plan vertraust, dann sprudelt die Quelle wieder und du kannst die Liebe weitergeben. Im besten Falle kannst du dadurch Konflikte schon im Vorfeld vermeiden. Ohne positives Gottesbild trinkst du nur abgestandenes Wasser.

Mittlerweile haben wir jetzt schon zwei Staustufen (meine Selbst- und meine Gottesbeziehung) des göttlichen Liebesflusssystems angesehen und hoffentlich entkalkt. Jetzt kommt die dritte Ebene des Kreislaufs – sicher auch eine, die dich in deinem täglichen Leben immer wieder herausfordert ...

4.

DU, GOTT UND DIE ANDEREN

In diesem Kapitel schauen wir uns das nächste Nadelöhr im göttlichen Liebesfluss an, in dem es immer wieder Verstopfungen gibt: Diese Engstelle hast du nämlich in allen Arten von Beziehungen, die du mit anderen Menschen führst. Wir zwei unterstellen dir mal, dass du öfter Konflikte mit Freunden, Familienmitgliedern, deinem Partner oder Kollegen erlebst.

Keine Sorge! Das ist absolut normal. Gott ist mit dir oder deinen Mitmenschen kein Fehler unterlaufen. Du bist nicht falsch programmiert, weil du hin und wieder Probleme mit anderen hast.

JEDER MENSCH IST ANDERS

Meinungsverschiedenheiten gehören zum Leben, wir finden sogar viele davon in der Bibel. Gott kennt Konfliktsituationen und beschreibt sie in der Bibel. Aus diesem Grund ist er nicht überrascht davon, wenn wir Konflikte haben. Er gibt uns vielmehr gute Anleitungen an die Hand, wie wir mit ihnen umgehen können.

Schauen wir zu diesem Thema einmal in die Bibel: Die erste menschliche Beziehung in Gottes Plan war die von Adam und Eva. Adam ist ganz allein im Paradies und interessanterweise findet nicht nur er diesen Zustand nicht gut.

> *Und Gott der HERR sprach: Es ist nicht gut, dass der Mensch allein sei; ich will ihm eine Gehilfin machen, die ihm entspricht!*
>
> ***1. Mose 2,18 Schl***

»Ho, Ho, Ho«, rufen jetzt alle Männer! Adam miteingeschlossen. »Das klingt gut, eine Gehilfin!« Und die Leserinnen wenden sich entsetzt ab! Liebe Frauen, bleibt dran und lest weiter. Es wird euch auch noch gefallen, was Gott da vorhat! Versprochen.

Denn hier haben wir mal wieder einen Fall, in dem man das ursprünglich hebräische Wort, *ezer kenegdo*, auf unterschiedliche Art und Weise übersetzen kann. Je nachdem, welcher Richtung man folgt, geht eben manchmal eine Facette verloren und eine andere Bedeutungsebene tritt in den Vordergrund. *Ezer kenegdo* meint schon, dass der andere eine Hilfe ist, aber es kann auch zusätzlich als Entsprechung, als Gegenüber oder Kontrast gedeutet werden. Für mich persönlich am interessantesten ist aber die Nuance Kontrast.

Natürlich sind das alles Theorien, wie man den Text auslegen kann. Für mich ist diese Übersetzungsmöglichkeit aber die, der ich folgen möchte.

Diesen menschlichen Kontrast erschafft Gott also, während Adam schläft. Als er aufwacht, glaubt er zu träumen: »Da ist sie: Eine Frau! Eva! Wunderbar – so schöööön.«

Die Herzen tanzen, Love is in the air, überall Glück.
Doch nach ein paar Monaten, nachdem die Hormonkurve im Körper

abnimmt, sind die beiden nicht mehr ganz so happy miteinander. Als Gott nämlich mal wieder bei seinen Kindern ist, ruft Adam ihn zu sich: »Gott! Ich muss mal dringend mit dir reden! Mann, was hast du mir denn da gegeben? Diese Eva ist so anstrengend und so anders als ich. Die redet so viel und die will immer, dass ich aufräume und überhaupt – kann man die umtauschen oder wenigstens abschalten?«
»Gott! Gott!«, wispert Eva: »Komm mal zu mir! Lass mal den Adam.« »Ja, mein Kind, was gibt es denn?« fragt Gott. »Der Adam – der ist so emotionslos, der redet so wenig, und der ist so unordentlich! Hast du nicht irgendwo noch ein anderes Exemplar? Sorry, ich will dir nicht zu nahetreten, aber irgendwas ist dir mit dem schiefgelaufen.«
Gott lächelt, er nimmt die beiden rechts und links in den Arm und sagt:

»Ihr Lieben! Das war die ganze Zeit mein Plan: Ich habe euch einen Kontrast gegeben, und genau das ist gut für euch!«

So stelle ich mir die Situation im Paradies in meiner Fantasie zumindest vor. Adam und Eva, völlig perplex! Ein Kontrast? Wir dachten, dass du es gut mit uns meinst? Was ist denn daran gut? Doch wer Gott kennt, kann sich denken, dass er auch in diesem Punkt einen positiven Plan vorbereitet hat.

Ohne Kontraste – alles öde!

Wahrscheinlich ging es den beiden wie vielen von uns heute. In menschlichen Beziehungen denken wir bei dem Wort Kontrast erst einmal an etwas Anstrengendes. Denn das Wort impliziert: Etwas ist anders und fordert uns heraus. Wenn bei Paaren die erste Verliebtheit nachlässt, dann ist es oft diese Andersartigkeit, die am Anfang so spannend war, dann aber anfängt zu nerven.

Es ist allerdings seltsam, dass wir in anderen Bereichen nicht darüber diskutieren würden, ob Kontraste da notwendig wären. Es gibt viele Dinge, da wissen wir, dass sie ohne Gegensätzlichkeit ganz schön langweilig wären.

Stell dir …

… einen Brief vor, der nur aus dem Buchstaben »L besteht. Sehr einseitig!

… ein Bild vor, das weiße Farbe auf weißer Leinwand zeigt. Da fehlt doch was!

… vor, immer nur Nudeln als Mahlzeit zu haben, und das tagein, tagaus. Finden manche Kinder vielleicht lecker – aber ich nicht!

Du erkennst die Ironie. Das wäre total langweilig und öde. Erst die abwechslungsreiche Andersartigkeit macht den Brief, das Bild und das Essen besonders, abwechslungsreich, ja sogar anspruchsvoll und teilweise herausfordernd. Hier wird mir aber jeder zustimmen und sagen: Der Kontrast in Form von Vielfalt ist hier nötig! Und genauso ist es in Beziehungen. Kontraste und Andersartigkeit meines Partners fordern mich heraus, machen die Beziehung aber auch lebendig und meiner Meinung nach besser.

Die Allianz der Unzufriedenen

Auf der menschlichen Ebene folgen wir gerne dem Satz »Gleich und gleich gesellt sich gern«. Oder wie ich das Phänomen nenne: Wir schließen uns der Allianz der Unzufriedenen an. Diese Gruppe kenne ich eigentlich immer und überall, auch in Gemeinden. Erst einmal kommen in einer Kirche viele Menschen mit unterschiedlichen Gaben und Interessen zusammen. Wollen die auf Dauer zusammenbleiben, wird es irgendwann Reibung geben, und es wird anstrengend. Wünschst du dir zum Beispiel mehr Gebet in deiner Kirche, dann neigst du dazu, dir Menschen zu suchen, die das genauso sehen. Man redet nur noch über Gebet und ist sich einig darüber, dass dieser Punkt zu wenig in der Gemeinde praktiziert wird. Man sieht sich den Missstand an, bestätigt sich gegenseitig und wird immer unzufriedener. Bestenfalls versucht man, etwas zu ändern. Das ist prinzipiell gut, denn es braucht immer Menschen, die sich für Dinge einsetzen und diese vorantreiben. Problematisch wird es aber, wenn sich beispielsweise die »Gebetsgruppe« abschottet und keine anderen Meinungen zulässt. Ignoriert, dass andere vielleicht einen anderen Rahmen beim Gebet mögen. Lässt man dann Meinungen und Reibung von außen nicht zu, geht die Vielfalt verloren. Umgibt man sich nur mit Leuten, die so denken wie man selbst, dann entwickelt man sich entweder langsamer oder gar nicht mehr. Man wird nicht mehr gefordert, sondern nur noch bestätigt. Auch wenn es oft unangenehm ist, Kritik und Meinungen von außen zu hören, diese Reibungen sind der stärkste Motor zur Weiterentwicklung. Das ist zumindest die Erfahrung, die ich im Laufe meines Lebens gemacht habe.

GOTT IN UNSEREN BEZIEHUNGEN

Gott hat bewusst Konflikte und Kontraste in unser Leben integriert und bietet uns ganz praktisch seine Hilfe an, diese zu lösen. (Wie genau, das zeige ich dir ein paar Seiten weiter.)

Das Problem ist eher: Gehen wir die Konflikte an? Stellen wir uns den Kontrasten? Und was bringt uns die ganze Anstrengung?

Am Anfang meines Weges als Prediger fand ich mich zwar (fast immer) ganz gut auf der Bühne, aber das war meine subjektive Meinung. Manche Fehler, die ich gemacht habe, habe ich selber gar nicht wahrgenommen. Zum Glück hatte ich einige Menschen im Leitungsteam, die anders als ich und die vor allem ehrlich zu mir waren.

Nach einer Predigt sprach mich ein Teammitglied an und sagte: »Tobi, ich hatte das Gefühl, dass du heute bei diesem Thema von der Bühne aus einige Leute direkt durch deine Beispiele ansprechen wolltest. Die Inhalte der Predigt schienen speziell an diese Menschen gerichtet. Kann es sein, dass du ihnen auf diesem Weg die Meinung sagen wolltest?«

Das traf mich, erst wollte ich es abstreiten, aber dann wandte ich mich an meinen himmlischen Ratgeber: »Gott, stimmt das?«, betete ich innerlich und merkte: Da war was dran. Mein Gegenüber hatte recht, und es war tatsächlich so, dass ich, anstatt einzelnen Menschen direktes Feedback zu geben, die Bühne als indirektes Sprachrohr gewählt hatte.

»Mach das bitte nie wieder – dafür ist die Bühne nicht da!«, bat mich mein Freund.

Die Lektion habe ich gelernt, ich habe mich bei den betreffenden Leuten entschuldigt und es nie wieder gemacht. Dann bin ich zum

Team gegangen und habe allen meinen Fehler erklärt. Das war nicht leicht, doch es hat uns sogar alle weitergebracht. Seitdem ist es nämlich ein Grundsatz in unserer Kirchen-Kultur geworden: keine Emotionen gegen andere in der Predigt. Aber ich musste den Fehler machen, um das Feedback zu bekommen und um daraus zu lernen. Ich hatte damals Glück, einen Freund zu haben, der wusste, wie man richtig Feedback gibt (mehr dazu in Kapitel 7).

Hin und wieder kann Kritik nämlich auch nach hinten losgehen. Man kann sie leicht falsch verstehen und sich angegriffen fühlen. Manchmal ist es einfach nur stimmungsabhängig, wie man auf konstruktive, wertende Aussagen reagiert. Was uns heute nichts ausmacht und uns vielleicht sogar anspornt, etwas zu ändern, kann uns morgen verletzen, und wir machen dicht. So verpassen wir vielleicht das Gute, das wir aus dem Feedback hätten herausfiltern können. Doch auch hier kann Gott uns helfen. Er ist nämlich immer mittendrin in unseren menschlichen Beziehungen, und wir können uns jederzeit an ihn wenden und um Hilfe bitten, mit diesen Herausforderungen umzugehen. Wo sein Platz in unseren zwischenmenschlichen Verbindungen ist, das möchte ich dir jetzt zeigen.

DAS BEZIEHUNGSDREIECK

An der Spitze dieses Beziehungsdreiecks steht Gott, an jeweils einer Seite der vertikalen Ebene stehst du und dein Gegenüber, egal ob Freund, Kollege oder Partner. Ihr seid miteinander verbunden, und im Idealfall ist jeder von euch auch mit Gott verbunden. Und über ihn ist dann ebenfalls eine Verbindung zwischen euch möglich.

Folgender Vers stellt die Grundlage dieses Dreiecks dar:

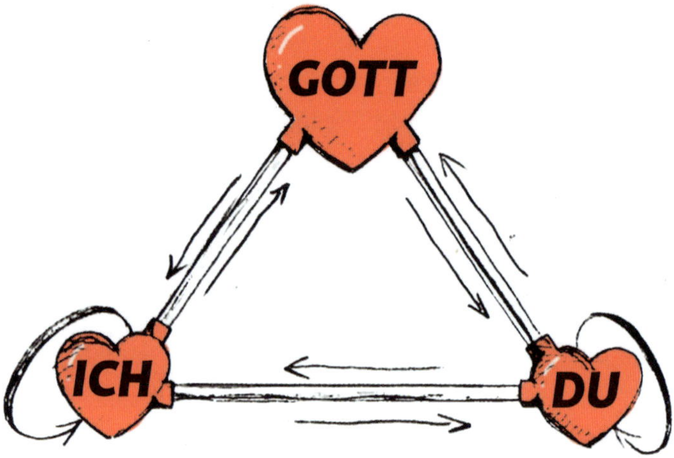

Wenn jemand sagt: »Ich liebe Gott«, aber seinen Bruder hasst, dann ist er ein Lügner; denn wer die Menschen nicht liebt, die er doch sieht, wie kann er da Gott lieben, den er nie gesehen hat?

1. Johannes 4,20

Dieses Dreieck ist sozusagen die Weiterentwicklung des Liebesflusses. Die Verbindungen zwischen Gott, mir und dem anderen kennen wir ja schon. Kurz zur Erinnerung: Habe ich eine Liebesbeziehung mit Gott, fällt es mir leichter, mich selber zu lieben, und somit ist die Voraussetzung geschaffen, dass ich andere lieben kann. Neu hinzugefügt ist die Achse zwischen Gott und deinem Beziehungspartner. Auch er kann sich Liebe von Gott abholen, die ihm helfen kann, sich selber und mich zu lieben. So entsteht aus dem Liebesfluss ein göttlicher Liebeskreislauf zwischen mir, dem anderen und Gott. Alles fließt hin und her. Das Dreieck hat aber noch viel mehr Funktionen, die ich dir im Laufe dieses Kapitels genauer erklären werde, und hat seinen

Ursprung bei Adam und Eva und Gott. Die Liebe floss durch alle drei hindurch. Bis das Dreieck im Sündenfall ins Wanken kam, denn die beiden vertrauten Gott nicht mehr voll und ganz. Dieses Gefühl, das sich da einschlich, kennen wir heute auch noch. Oft wenden wir uns nicht an Gott und bitten ihn um Rat, sondern hören lieber auf unsere eigenen, manchmal egoistischen Gedanken oder auf die Beziehungstipps aus den Klatschblättern der Schönen und Reichen. Doch so wie bei den Stars viele Partnerschaften scheitern, klappt dieser Weg eben meistens im Hier und Jetzt bei uns auch nicht.

Die gute Nachricht ist aber, dass Gott mit jedem von uns und in jeder Beziehung dieses Dreieck wieder stabil aufbauen will. Egal, um welche Beziehung es sich handelt, ob Freund, Partner, Kollege oder vielleicht deine Kinder. Er ist da und bietet seine Hilfe an. Ihn zu lieben, seinen Nächsten und sich selber (Matthäus 22,37-40) ist meiner Meinung nach der Sinn unseres Lebens. Manchmal biegen wir eben leider falsch ab, leben und lieben nicht in Gottes Sinn. Doch auch dann hat er eine wirklich gute Lösung: Er hat uns seinen Sohn Jesus geschickt, der an den Stellen helfen kann, an denen du falsch abgebogen bist, wieder auf den richtigen göttlichen Weg zu kommen. Er ist ein Anker, der dir wieder Hoffnung und Neuanfänge schenkt. Durch ihn kann das Beziehungsdreieck irgendwann wieder stabil stehen. Dieses Angebot darfst du jederzeit annehmen. Als ich das erkannt und auf meine zwischenmenschlichen Beziehungen angewendet habe, hat diese Erkenntnis mein Leben wirklich revolutioniert.

DIE GÖTTLICHE KLÄRANLAGE

So viel zur Theorie, wir wollen dir jetzt aber auch praktisch einige ausgewählte Punkte zeigen, in denen Gott dir durch das Beziehungsdreieck helfen kann.

Zuerst stellst du Gott im Gebet an die Spitze des Dreiecks einer bestimmten Beziehung. Denn das Dreieck richtet sich in dem Moment auf, in dem du in den Dialog mit Gott[28] einsteigst. Vor allem in Konfliktsituationen hat mir das schon oft geholfen, mich selbst zu reflektieren, loszulassen und konstruktive Lösungen zu finden.

In dem Dreieck darfst du alles, was dich stört, alle Emotionen, aber auch, was du an Erwartungen an die Menschen hast, mit denen du in Beziehungen stehst, erst einmal ehrlich an Gott abgeben. Das hat Vorteile: Zum einen entlastet es die menschliche Beziehungsebene, da die Vorwürfe, Emotionen und Erwartungen bei Gott sind. Er kümmert sich darum, nicht dein menschliches Gegenüber. Das macht einen Unterschied! Probiere es mal aus!

Zum anderen kann Gott auch mit dir reden und dir Antworten und Angebote geben, dich sogar verändern, wenn du mit ihm im Gebet in den Dialog gehst. Er kann dir zeigen, in welchen Punkten du vielleicht handeln solltest.

Als Bene noch ein Baby war, hatten Frauke und ich unterschiedliche Ansichten darüber, wie man die Wickeltasche packen sollte. Ging meine Frau mit unserem Baby aus dem Haus, dann nicht ohne Windeln, feuchte Tücher, Popocreme, Schnuller, Fläschchen, Wechselklamotten (wahrscheinlich sogar farblich abgestimmt), Mützchen, Spielzeug, Wickelunterlage usw. Ihre Fähigkeit, an all so was zu denken und zu organisieren, finde ich auch heute immer noch faszinierend.

Wenn ich mit Bene aus dem Haus ging, dann meistens ohne Tasche, einfach weil ich sie vergessen hatte. Wenn ich dann später doch was brauchte, musste ich improvisieren. Das klappte auch immer, irgendwie. Irgendjemand hatte schon eine Windel oder Wechselklamotten, oder ich musste einen Laden suchen und was einkaufen.

Ich gebe zu, das war umständlich. Ich konnte damit aber gut leben. Frauke verstand das eher nicht. Sie war genervt, wenn ich etwas vergessen hatte und andere Leute »belästigen« musste.

Ich fühlte mich angegriffen und dachte: »Was soll das? Denkt die, dass ich ein schlechter Vater bin, weil ich eben keine perfekte Ausrüstung dabeihabe?«

Da ich damals das Beziehungsdreieck schon kannte, verkroch ich mich und betete in meinem Panzer: »Mann, Jesus, die Frauke geht mir so auf den Keks! Wie siehst du das denn? Was haben denn die Menschen früher gemacht, als es noch keine Wickeltaschen gab? Es nervt mich, dass ich nicht selber entscheiden kann, wie ich ausgestattet bin, wenn ich mit meinem Sohn unterwegs bin.«

Das habe ich hier für das Buch noch freundlich formuliert, damals klang es krasser. Und das darf und soll auch so sein, denn Gott hält Emotionen aus. Er weiß ja, wie es dir geht: Er ist Gott. Du darfst ungefiltert allen Frust abladen, denn nur so kannst du die Angebote der Kläranlage nutzen. Sie bietet unzählige Möglichkeiten. Ich zeige dir im Folgenden die, die ich besonders wichtig in und vor Konflikten finde.

Die Kläranlage …

… ändert Perspektiven

Nachdem die erste Wut im göttlichen Gespräch verraucht und die harten Worte ausgesprochen waren, kam mir folgender göttlicher Gedanke: »Tobias, versetze dich doch mal in deine Frau. In ihren Persönlichkeitstyp. Sie ist ein so fürsorglicher Mensch und möchte, dass es allen in ihrer Umgebung gut geht, niemand unnötig belästigt wird und Bene gut versorgt ist. Sie will nur das Beste für euren Sohn, dich und die anderen. Deshalb versteht sie nicht, wenn du ohne all diese Utensilien aus dem Haus gehst. Es geht ihr nicht darum, dich in deiner Vaterrolle anzugreifen.« Dieser Perspektivenwechsel hat mir geholfen, den Konflikt zu lösen. Ich habe auf einmal Fraukes Sichtweise verstanden, konnte die Emotionen rausnehmen und bei ihr sachlich nachfragen, ob es so war, wie Gott mir das mitgeteilt hatte. So habe ich einen klaren Blick bekommen, und wir konnten im Gespräch unseren Konflikt gemeinsam klären. Ich habe verstanden, dass sie sich einfach Sorgen gemacht hat, wenn ich zum Beispiel ohne Babynahrung das Haus verließ. Deshalb habe ich versucht, an das Wichtigste zu denken, wenn ich mit dem Baby unterwegs war. Auf der anderen Seite hat Frauke sich auch bewegt.

Sie hat daran gearbeitet, mir zu vertrauen, dass ich auch ohne vollständiges Baby-Equipment zum Ziel komme, und sich bewusst gemacht, dass ich unseren Sohn gut versorge, wenn wir einen Männer-Ausflug gemacht haben.

... macht Geschenke

Wenn wir schreiben, dass die Kläranlage Geschenke macht, meinen wir nicht Blumen oder andere materielle Geschenke. Nein, sondern du, als Person, kannst zum Geschenk für den anderen werden.

»Tobi, kannst du mir einen Gefallen tun? Wenn du gleich zur Arbeit gehst, kannst du dann den Kindersitz aus dem Keller ins Auto stellen und das Auto vorher noch ausladen? Ich will später einkaufen«, bat Frauke mich eines Morgens. Das Auto stand von der späten Ankunft in der vergangenen Nacht noch vollgepackt in der Tiefgarage.

»Klar, mach ich!«, antwortete ich.

Doch meine Persönlichkeit kann auf der Strecke zwischen Wohnzimmer und Treppenhaus eine solche Aufgabe vergessen. Ich ging unbeschwert zur Arbeit. Als meine Frau später aus dem Haus wollte, bepackt mit Baby und Taschen, stand unser Auto natürlich in der Tiefgarage. Aber es war ein Auto voller Koffer und ohne Kindersitz.

Solche Situationen sind nicht gerade einfach für mich. »Das gibt es doch nicht! Wie kann er so was vergessen? Bin ich ihm gar nicht wichtig?« Das waren Gedanken, die verständlicherweise in mir hochkamen. Nun begann ein innerer Dialog mit Gott, der das Ergebnis hatte, dass ich wieder einmal daran erinnert wurde, wie sehr Tobi mich liebt und dass sein Verhalten nicht das Gegenteil bedeutet, auch wenn es manchmal so wirkt.

Zu meiner Mutter, die in dieser Situation verdutzt neben mir stand (mein Vater, der sehr zuvorkommend und gewissenhaft ist, würde so etwas niemals vergessen), sagte ich deshalb: »Mama, der Tobi hat viele Stärken, aber auch Schwächen. An so eine Sache zu denken, gehört definitiv nicht zu seinen Stärken. Jetzt habe ich zwei Möglichkeiten. Ich kann mich darüber aufregen, beleidigt sein und meine Emotionen an ihm auslassen, oder beschließen, dass ich diese Schwäche ausgleichen und ihn nicht anklagen werde.«

Diese Situation hätte auch ganz anders ausgehen können. Das ist sie in anderen Fällen auch schon ... Auch wenn Tobi es nicht böse gemeint hat, hätte ich auch anders reagieren können. Vielleicht hätte ich ihn aus der Wut heraus angerufen, dann hätte es wahrscheinlich Vorwürfe gehagelt, und wir hätten uns angemeckert. Jeder hätte sich unverstanden gefühlt. Aber ich habe eine Entscheidung getroffen, bin zu Gott gegangen und dann mit seiner Hilfe einen Schritt auf Tobi zu.

Fraukes Reaktion habe ich als großes Geschenk Gottes empfunden, da ich mich schon selber schlecht genug fühlte, als ich im Nachhinein merkte, dass ich ihre Bitte vergessen und ihr extra Umstände gemacht hatte.

Gott hatte Frauke meinen Persönlichkeitstyp erklärt, und sie konnte meine Schwächen durch ihr Verhalten ausgleichen. Wie ein Puzzleteil, das perfekt zum anderen passt.

... gibt Kommunikationstipps

Für mich ist die Kläranlage auch ein wunderbares Angebot, um mir in einem Konflikt die richtigen Worte von Gott abzuholen. Wie du weißt, neige ich dazu, emotional zu stark zu reagieren. Früher war ich in diesem Punkt oft unbeherrscht und habe meine Worte nicht bewusst gewählt. Habe ich die Dinge ausgesprochen, war die Sache dann für mich meistens bereinigt. Doch oft merkte ich im Nachhinein, dass meine Worte mein Gegenüber verletzt hatten, was ich gar nicht wollte. Also begann ich nachzuforschen, und da ich gerne Antworten in der Bibel suche, stieß ich schon bald auf einen Vers, der mich in Bezug auf meine schnellen, emotionalen und unbedachten Worte besonders bewegte:

> *Ich sage euch aber, dass die Menschen von jedem unnützen Wort, das sie reden werden, Rechenschaft geben müssen am Tag des Gerichts.*
>
> **Matthäus 12, 36; ELB**

»Oh nein«, dachte ich, »das will ich natürlich nicht!« Irgendwie wusste ich auch, dass nur ich selber das ändern kann, nahm Gottes Hinweis also ernst und suchte nach weiteren Stellen zu dem Thema. Eine sprach mich ganz besonders an, und sie war der Grund, mein Verhalten zu ändern:

> *... Denn immer bestimmt ja euer Herz, was ihr sagt. Ein guter Mensch spricht gute Worte aus einem guten Herzen, und ein böser Mensch spricht böse Worte aus einem bösen Herzen.*
>
> **Matthäus 12,34b–35; ELB**

Diese Aussage hat mich direkt getroffen, denn ich wollte doch kein böses Herz haben! Ich wollte mein Verhalten ändern und suchte nach Wegen, wie ich meine Worte bewusst wählen konnte. Und auch dafür habe ich in der Bibel einen hilfreichen Vers gefunden:

> So kommen Segen und Fluch aus demselben Mund. Und das, meine Freunde, darf nicht so sein! Sprudelt aus einer Quelle etwa frisches und bitteres Wasser zugleich? Pflückt man Oliven von einem Feigenbaum oder Feigen von einem Weinstock? Nein, und man kann auch kein frisches Wasser aus einem salzigen See schöpfen.
>
> **Jakobus 3,10–12**

Das bedeutet für mich, ich darf mich als Kanal für Gottes Liebe zur Verfügung stellen und die richtigen Worte aus seiner Quelle schöpfen. Das ist ein Verweis zum Liebesflusssystem! Gott hat an alles gedacht und verspricht, mich dabei zu unterstützen, gute und lebensspendende Worte zu wählen.

> Denn zur rechten Zeit wird Gott euch das rechte Wort geben.
>
> **Matthäus 10,19b; HFA**

Ich habe also eine Entscheidung getroffen. Im Konflikt versuche (!!!) ich immer erst zu Gott zu gehen. Reinige meine Emotionen bei ihm und schicke meine Worte durch seine Kläranlage. Im obigen Beispiel mit dem vollgepackten Auto und dem Kindersitz klappte das sogar. Das hat mir in der Vergangenheit oft geholfen, ich kann dir das nur weiterempfehlen.

Eine Sache ist mir dabei aber wichtig: Ich bin ein Mensch und daher nicht perfekt. Es gibt auch heute noch Situationen, in denen ich meine Worte nicht im Griff habe. Doch meistens merke ich das, nachdem ich sie ausgesprochen habe. Ich habe mir angewöhnt, mich bei meinem Gegenüber zu entschuldigen. Das ist nicht einfach, aber meiner Meinung nach für die Beziehung sehr wichtig.

Die Worte kann ich zwar nicht mehr zurücknehmen, sie sind ausgesprochen. Doch ich kann dem anderen zeigen, dass ich mir Gedanken mache und selbst gemerkt habe, dass mein Verhalten und meine Worte etwas daneben waren und es mir leidtut.

... bläst manchmal auch zum Rückzug

Du siehst, dass die Kläranlage in vielen Punkten in erster Linie versöhnlich wirkt. Manchmal braucht es aber Zeit, bis eine Versöhnung stattfinden kann. Vielleicht bekommst du nach Nutzung der Kläranlage den Impuls, dich noch ein wenig zurückzuziehen, weil die Aggressionen beim Gegenüber noch so groß sind, dass Gott dich davor schützen möchte. Doch der Heilige Geist ist ein Geist der Versöhnung, und aus diesem Grund wirst du nach einem Rückzug irgendwann wieder göttliche Impulse zur Annäherung bekommen.[29] Es erfordert jedoch Training, seine Stimme klar zu hören, darauf möchte ich im folgenden Exkurs etwas konkreter eingehen.

EXKURS

DER HEILIGE GEIST – EIN WICHTIGER HELFER

Der Heilige Geist ist ein wichtiger Ratgeber, auch in Beziehungsdingen. Er ist das Sprachrohr Gottes (Johannes 14,16–17a). Sozusagen der Kommunikationskanal zwischen uns und Gott. Wir können mit ihm im Gebet sprechen und uns dabei Impulse für unser Leben abholen. Er sendet sie uns auf unterschiedliche Art und Weise: Mal durch Gedanken, mal durch Bilder oder auf eine ganz andere Art und Weise, das kann sehr unterschiedlich sein. Wenn du auf diesem Gebiet noch nicht so viel Erfahrung hast, kann ich dich nur ermutigen, dass du dir Leute suchst, die dir zeigen, wie man in den Dialog mit dem Heiligen Geist einsteigt.[30]

Das kann jeder lernen, denn dieser göttliche Helfer ist in jedem von uns verankert:

Aber ihr kennt ihn (den Heiligen Geist), denn er bleibt bei euch und wird in euch leben.

Johannes 14,17b; HFA

Er ist schon in uns drin und kann zu uns in ganz alltäglichen Situationen sprechen.

Auch bei Beziehungsproblemen. Die Menschen, an die Paulus seine Briefe schreibt, hatten auch Konflikte miteinander und scheinbar haben sie die oft nach menschlichen Maßstäben gelöst. Paulus gibt ihnen aber den klaren Rat: Lebt, wie es dem Heiligen Geist entspricht, hört sozusagen auf seine Stimme:
Doch wenn ihr euch ständig zankt und übervorteilt, statt einander mit Liebe zu begegnen, dann passt auf, den sonst vernichtet ihr euch noch gegenseitig.

Deshalb: Lebt so, wie es eurem neuen Leben im Heiligen Geist entspricht. Dann werdet ihr auch nicht tun, wozu eure sündigen Neigungen euch drängen.

Galater 5,15-16

Das gilt auch für dein Beziehungsleben: Du hast die Wahl, auf welche Stimme du hören willst. Auf die des Heiligen Geistes oder auf die deines Egos, die auch immer wieder laut dazwischenruft. Ich weiß, das ist leichter gesagt als getan, da es vor allem auch schwierig ist, die beiden Stimmen voneinander zu unterscheiden. Ich werde dir dazu im Folgenden einige Tipps geben, denn die meisten von uns, mich selbst eingeschlossen, haben das einfach nicht gelernt. Sie haben (manchmal über Generationen hinweg) vorgelebt bekommen, dem Zeitgeist zu folgen und auf ihr Ego zu hören. »Tu das, was dir guttut!« »Denk an dich!« Das sind so Knallersätze, die man gern als gut gemeinten Rat bekommt, die aber letztlich den Beziehungen zu anderen Menschen schaden. Denn denke ich nur an mich und mache ich nur das, was mir guttut, verletze ich durch mein Verhalten andere Menschen.

Und dann setzt eine Kettenreaktion ein: Verletzte Menschen verletzen Menschen, und die verletzen Menschen und so weiter … Also, was tun?

> *Die alte sündige Natur liebt es, Böses zu tun – genau das Gegenteil von dem, was der Heilige Geist will. Der Geist weckt in uns Wünsche, die den Neigungen unserer sündigen Natur widersprechen. Diese beiden Kräfte liegen in ständigem Streit miteinander, sodass ihr nicht das tun könnt, was ihr wollt.*
>
> **Galater 5,17**

Diese Bibelstelle beschreibt, wie beide Kräfte in uns kämpfen: Der Heilige Geist und unser Ego.

Die Glocke des Heiligen Geistes

Oft kommt es vor, dass wir im Leben in Momente geraten, da will der Heilige Geist mit uns trainieren und unser Gehör für seine Stimme schärfen. Und wir? Wir haben Kopfhörer auf und hören sie einfach nicht. Ich stelle mir das wie eine Glocke vor, die der Heilige Geist bimmelt, wenn wir an Weggabelungen im Leben stehen, ähnlich wie bei einem Boxkampf, bei dem der Kampf eingeläutet wird und der Boxer wachsam in den Ring steigen sollte. Keiner würde dabei Kopfhörer tragen. Wie bei einem Boxkampf lädt uns das Bimmeln, also die Stimme des Heiligen Geistes, dazu ein, wachsam zu sein und den »Kampf der Gedanken« konstruktiv zu lenken. Wir müssen uns entscheiden, ob wir dem »Ego-Weg« oder der »Holy-Spirit-

Road« folgen, und können an diesen Stellen wählen: Hören wir auf die göttliche Stimme und werden dadurch Gott ähnlicher und freier? (Das ist oft der mühsamere Weg.) Oder wählen wir den Egopfad, mit der Folge, dass unser Herz meist noch härter wird?

Wenn du an solchen Kreuzungen im Leben stehst und nicht sicher bist, wohin du gehen sollst, dann wäre es gut, wenn du dich, wie im Beziehungsdreieck gesehen, an Gott wendest und seinem göttlichen Navigationsgerät folgst. Dazu musst du manchmal die Lautstärke deiner eigenen inneren Stimme runterdrehen und die Kopfhörer wenn nötig mit Gewalt aus den Ohren ziehen, um die richtige Stimme zu hören und nicht falsch abzubiegen.

In meinem Leben außerhalb der Kirche, ja auch das habe ich, passiert es mir oft, dass Menschen, die mich kennenlernen und nichts mit dem ICF zu tun haben, mich googeln, wenn sie von meinem Job hören. Im Netz findet man da viel: Gutes und Schlechtes, Fakten und Verleumderisches. Die Spannbreite reicht von guten Infos über kritische Berichte bis hin zu klaren Fehldarstellungen und Rufmord. Der negative Höhepunkt sind anonyme Hasspages. Solche Seiten kommen immer wieder, das ist einfach so. Das gehört zu meinem Leben als Pastor dazu. Eigentlich bin ich ja froh, wenn mich Menschen, die ich außerhalb der Kirche kennenlerne, damit konfrontieren, da ich dann persönlich reagieren kann. Letztens sprach mich wieder jemand an, er hätte meinen Namen mal in eine Suchmaschine eingegeben. Und was er da alles gefunden hat ... Fragen über Fragen prasselten auf mich ein. Ich war an dem Tag ganz gut drauf und habe versucht, nett und sachlich zu antworten. Aber abends, allein im Bett, da klingelte mein Ego an! UNFAIR! Das gibt es doch nicht! Ich bin ein Opfer! Das stimmt alles gar nicht! Gibt es Leute, die diesen Scheiß glauben? Warum macht jemand so was ...? Warum macht jemand so was ...? Ich entwickelte eine Aggression gegen diese Person.

Meine Bitterkeit nahm zu, mein Herz wurde hart, und ich hörte nicht, wie der Heilige Geist wie verrückt neben meinem Ohr seine Glocke bimmelte. Ich begann den Weg zu wählen, der mich davon entfernte, dem Wesen Gottes näherzukommen. Ich konnte nicht schlafen, und auf einmal hörte ich den Heiligen Geist. Ich bekam den Impuls: »Tobias, du bist schon mitten im Boxkampf zwischen mir und deinen egoistischen Emotionen. Überlass ihnen nicht die Kontrolle!« »Eigentlich hat er recht«, dachte ich, und ich kenne den Heiligen Geist ja auch und weiß, dass er mich nicht gegen einen anderen Menschen aufhetzen würde. Er ist ein Geist der Versöhnung. Hörst du seine Glocke und folgst ihr, dann kann er dir helfen, dein destruktives Ego rauszunehmen und den Kampf zu gewinnen. Ich stellte also das Dreieck über diese menschliche Beziehung auf und betete. Mir kam eine Bibelstelle in den Sinn, in der es darum geht, wie Jesus so eine Situation beurteilen würde.

> *Ihr habt gehört, dass es im Gesetz von Mose heißt: »Liebe deinen Nächsten und hasse deinen Feind.« Ich aber sage: Liebt eure Feinde! Betet für die, die euch verfolgen!*
>
> ***Matthäus 5,43-44***

Liebt eure Feinde. In meinem konkreten Fall sind das Menschen, die Unwahres über mich sagen, es glauben oder an mir zweifeln. Ich habe also versucht, Verständnis für diese Leute zu entwickeln und die Bitterkeit, die in mir aufkam, ans Kreuz zu bringen. Mich hat das frei gemacht. Ohne die Hilfe des Heiligen Geistes wäre ich wahrscheinlich in Selbstmitleid versunken und hätte vielleicht eine Ablehnung gegen eine Person entwickelt, die ich nicht mal kenne. Das wiederum hätte in meinem Herzen Bitterkeit verbreitet. Mit göttlicher Unterstützung konnte ich den Stachel aus meinem Herz ziehen und das Krebsgeschwür der Bitterkeit verhindern.

Der Verstärker der Glocke

Wenn du den Heiligen Geist klar hören möchtest, dann rate ich dir, immer wieder die Bibel aufzuschlagen. Machst du das nicht, dann wird seine Glocke immer leiser werden. Es gibt so viele Stellen in diesem Buch, die dir zeigen, welche Ideen Gott für dein Beziehungsleben hat. Wie diese hier:

> *Die Liebe ist geduldig und freundlich. Sie ist nicht neidisch oder überheblich, stolz oder anstößig. Die Liebe ist nicht selbstsüchtig. Sie lässt sich nicht reizen, und wenn man ihr Böses tut, trägt sie es nicht nach. Sie freut sich niemals über Ungerechtigkeit, sondern sie freut sich immer an der Wahrheit. Die Liebe erträgt alles, verliert nie den Glauben, bewahrt stets die Hoffnung und bleibt bestehen, was auch geschieht.*
>
> ***1. Korinther 13,4-7***

Wie ich dir bereits gezeigt habe, beschreiben die Zeilen aus 1. Korinther 13,4-7 die Eigenschaften der göttlichen Liebe und damit auch Gottes Eigenschaften. Der Heilige Geist möchte dir helfen, so zu werden. Lies doch einmal den Text und setze überall anstatt »Liebe« deinen Namen ein. Was macht das mit dir?

Ich habe dieses Experiment auch ausprobiert und sofort gewusst, an welchem Punkten ich arbeiten sollte. Ich bin natürlich nicht immer geduldig oder freundlich. In Momenten, in denen das durchbricht, da läutet die Glocke des Heiligen Geistes und ich versuche heute, sie zu hören, sie ernst zu nehmen und an mir zu arbeiten.

Die Bibelstelle beschreibt die Liebe weiter als nicht nachtragend. Wenn du noch nie jemandem etwas nachgetragen hast – Respekt!

Ich muss sagen, dass ich in diesem Punkt so meine Defizite habe. Was nachtragend sein wirklich bedeutet, sagt schon das Wort: Ich trage die Last in mir, die mir das Leben schwermacht und mein Herz hart werden lässt. Wenn ich so belastet in einer Beziehung bin, dann kann ich nicht alles ertragen, was vom anderen auf mich einwirkt. Die Last der Unvergebenheit, Bitterkeit, die Schuldzuweisungen, das Opferdenken, meine Emotionen und vieles mehr lasten auf meine Schultern. In diesen Momenten kann ich nicht gleichzeitig die Last nachtragen und Geduld für mein Gegenüber aufbringen. Dann lebe ich nicht die Form der göttlichen Liebe, die der Korintherbrief beschreibt, und verrenne mich in meiner »Beziehungssackgasse«.

Die Geschenke des Heiligen Geistes

Und um aus dieser Sackgasse herauszukommen, bietet dir der Heilige Geist konkret seine Hilfe an. Er hat sozusagen Geschenke dabei, die dir helfen können, die Situation zu entspannen.

> *Wenn dagegen der Heilige Geist unser Leben beherrscht, wird er ganz andere Frucht in uns wachsen lassen: Liebe, Freude, Frieden, Geduld, Freundlichkeit, Güte, Treue, Sanftmut und Selbstbeherrschung.*
>
> ***Galater* 5,22-23**

In meiner Fantasie stelle ich mir diese Geschenke wie Kleidungsstücke vor. Oft denke ich: Ich habe keine Kraft mehr, wieder Schritte zu gehen. Mich wieder in die Beziehung zu investieren. Mir reicht es, meine Geduld ist am Ende.

Dann gehe ich im übertragenen Sinne im Gebet an den göttlichen

Kleiderschrank und bitte den Heiligen Geist, mir die Jacke »Geduld« zu geben. Was sich jetzt komisch anhört, funktioniert in der Praxis aber wirklich. Oft beschwere ich mich im Dreieck bei Gott, räume mit mir auf, suche die Beziehung zu ihm und bekomme als Angebot und Geschenk eines dieser göttlichen Designer-Teile, die mir der Heilige Geist anbietet: Liebe, Freude oder Güte für mich und andere Menschen. Ich merke dann, dass Gott mir so viel davon gibt, und kann dann diese Geschenke großzügig weitergeben. Gehe ich dann ausgestattet mit diesen guten Gaben in meine Beziehungswelten, schaffe ich es zum einen besser, Konflikte im Vorfeld zu vermeiden, und habe zum anderen viel mehr Kraft und Ausdauer in schwierigen Momenten.

EIN GROSSARTIGES ANGEBOT

Der Heilige Geist ist ein wichtiger Beziehungscoach für dein Leben. Nutzt du die göttliche Kläranlage, die dir das Beziehungsdreieck anbietet, wird er dir Impulse und Gedanken geben, die dich weiterbringen. Aber auch das ist nur ein Unterpunkt des Mega-Deals, den Gott mit dir im Beziehungsdreieck schließen möchte. Es gibt einen Bibelvers, der dieses Angebot beschreibt und der auf keiner christlichen Hochzeit fehlt:

> *Was nun Gott zusammengefügt hat, soll der Mensch nicht scheiden.*
>
> ***Markus 10,9; ELB***

Doch nicht selten erleben wir in den Ehecoachings, dass die Paare den Satz auf ihrer Hochzeit zwar verstanden, aber das Angebot darin gar nicht erkannt haben. In dem einen Vers steckt so viel! Unter anderem eben auch unser Beziehungsdreieck.

Gott fügt zusammen

Gottes Aufgabe und Angebot an der Spitze dieses Dreiecks ist einfach: Er fügt zusammen. Immer! Das ist sein Wesen. Der Heilige Geist spielt eine wichtige Rolle in dem Beziehungsdreieck. Mit seiner Hilfe kann ich Gott in meine Probleme miteinbeziehen. Er zeigt mir Gottes Ideen und hilft mir, mich zu verändern. Sein Wunsch ist es immer, früher oder später Versöhnung und Heilung zwischen den Beziehungspartnern herzustellen.

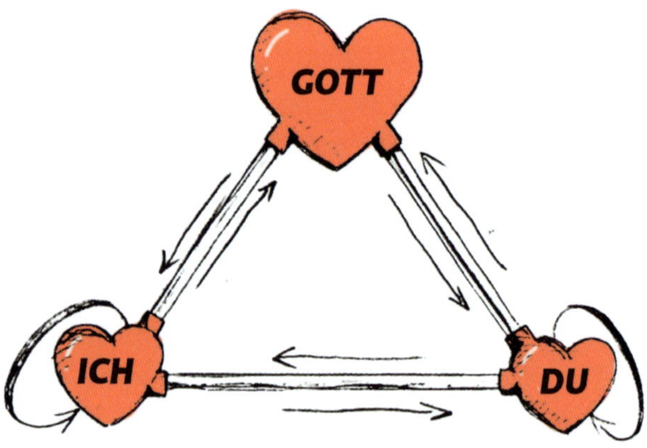

Wir sollen nicht scheiden

Aber der zweite Teil des Verses ist der herausfordernde für uns Menschen. Der Mensch soll nicht scheiden! Die landläufige Meinung dazu ist: Gott will nicht, dass ich mich von meiner Frau/meinem Mann trenne. Er will keine endgültigen Scheidungen. Wer so denkt, der hat viele Schritte von Gottes Angebot übersprungen. Denn dieser Vers sollte dir nicht erst in den Kopf schießen, wenn deine Beziehung kurz vor dem Ende steht. Er gilt ab dem Moment, in dem der Pastor ihn über eurem Bündnis ausspricht. Gott bietet dir damit präventive Angebote an, damit du erst gar nicht in die Nähe einer endgültigen Scheidung kommst. Denn Scheiden beginnt schon im Kleinen (ja, auch schon bei der offenen Zahnpastatube). Das kann vieles sein: Du gehst Differenzen zwischen dir und deinem Partner nicht an, ihr bleibt unversöhnt, du bist unzufrieden mit dir selber und das wirkt sich auf deine Ehe aus, du entfernst dich von Gott und deinem Partner oder drehst dich nur noch um dich selber und tausend Dinge mehr. Merkst du was? Das alles haben wir uns bereits angesehen. Das sind die Konflikte mit mir, Gott und den anderen Menschen. Diese Probleme, die wir alle haben, darf ich Gott bringen – besser gesagt: Ich sollte sie zu Jesus ans Kreuz bringen. Auch die kleinsten Kleinigkeiten. Denn dann wird Gott zusammenfügen! Dieses Versprechen hat er uns für unsere Beziehungen gegeben. Gehst du die Probleme aber nicht an und schließt Gott aus, dann fehlt dieser Zusammenhalt in deinen Beziehungen. Dann besteht die Gefahr, dass sich die Distanz zwischen dir und deinem Partner immer mehr vergrößert.

Du kannst dieses Prinzip natürlich auch wieder übertragen auf Freundschaften oder andere Arten von Beziehungen. Ganz ehrlich: Ohne Jesus, meinen himmlischen Vater und den Heiligen Geist und ihre Angebote würden meine Ehe und viele meiner Freundschaften, Arbeitsbeziehungen und auch unsere Kirchenfamilie heute vielleicht nicht mehr bestehen.

An dieser Stelle könntest du dich fragen: »Moment mal! Hier geht es die ganze Zeit darum, dass ich Schritte gehen soll? Mein Partner kann doch auch mal was machen. Ich bin doch nicht alleine schuld an den Beziehungsproblemen.« Da hast du grundsätzlich auch recht, aber es gibt einen Schlüssel, den nur du wieder in der Hand hast und der dein Beziehungsleben komplett verändern kann. Das ist die Eigenverantwortlichkeit, um die es im nächsten Kapitel gehen wird.

5.

DU – UND DEINE VERANTWORTLICHKEIT

DU BIST (NUR) FÜR DICH VERANTWORTLICH

Wenn deine Frau mal wieder genervt ist, dein Kumpel unfreundlich reagiert und deine Kollegen dich anmotzen, dann neigst du vielleicht wie ich dazu, den Fehler bei ihnen zu suchen und zu denken: Die anderen nerven und machen alles falsch!

Zu diesem Thema habe ich in einer Predigt eine provokante Aussage gemacht, und dabei ging ein Raunen durch die Reihen. Ich möchte dir die Freude der Zuhörer nicht vorenthalten und gebe es dir gern noch mal schwarz auf weiß mit:

Solange **du** in der Haltung lebst, dass immer die anderen Schuld am Konflikt haben, der schlechten Stimmung oder was auch immer schwierig in eurem Zusammenleben ist, solange **du** das denkst, wirst **du** dich nicht verändern ... und in der Hölle der unverdauten Konflikte schmoren!

Aber wer will das? Ich glaube niemand, und da du dieses Buch liest, gehe ich davon aus, dass du offen dafür bist, an dir zu arbeiten. Und dafür brauchst du nur dich, denn:

Du darfst selber entscheiden, ob du:

- eine lebendige Gottesbeziehung führen möchtest,
- dich in den göttlichen Liebesfluss stellen willst,
- das Beziehungsdreieck anwenden willst,
- für andere »all in« gehen willst,
- die göttliche Kläranlage regelmäßig benutzt,
- auf dein Ego oder das Klingeln des Heiligen Geistes hören willst

und noch viele Punkte mehr, von denen ich dir einige im zweiten Teil dieses Buches vorstellen werde.

Du bist für dich, und dein Gegenüber ist für sich selber verantwortlich. Jede Art von menschlicher Beziehung besteht nämlich immer aus zwei Beziehungen. Was ich damit meine, zeige ich dir anhand des Autobahnbildes von Manfred Engeli.[31]

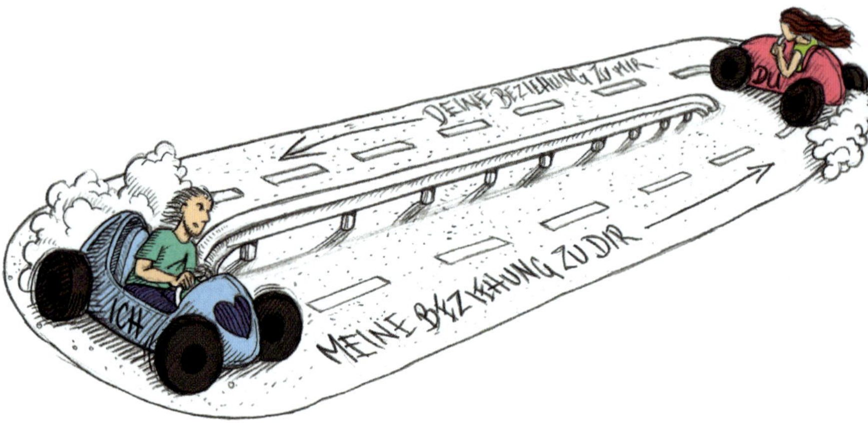

Eine Autobahn hat zwei Fahrbahnen: Jede Fahrbahn steht für eine eigene Beziehung. Die eine für die, die ich mit meinem Gegenüber habe. Die andere für die Beziehung, die der andere zu mir hat. Der Mittelstreifen trennt beide voneinander. Jede Fahrbahn ist zu hundert Prozent eigenständig. Das bedeutet, dass jeder seine eigenen Emotionen und Ansprüche an den Partner selber mit Gott klären, also in die Kläranlage werfen und loslassen muss. Gott ist dann dafür verantwortlich, was er damit macht. Das nimmt den Druck aus der menschlichen Beziehungsebene, denn die Erwartungen richten sich nun an Gott und nicht mehr an den Partner. Es gibt einen alten Spruch des Dichters Matthias Claudius von 1815, der ziemlich gut ausdrückt, was eine Facette dieser Eigenverantwortlichkeit bedeutet:

»Tue das Gute vor dich hin und kümmere dich nicht darum, was daraus werden wird.«

Das bedeutet einerseits: Räum bei dir auf, gib das Schlechte bei Gott ab und lass ihn wirken. Zusätzlich heißt es aber auch: Mach dein Glück nicht von deinem Partner abhängig: Du bist selber dafür zuständig, dass es dir gut geht. Wenn du der Meinung bist, der andere muss dafür sorgen, dass du glücklich bist, dann setzt du ihn ganz schön unter Druck mit dieser Erwartung, und das macht deinen Partner wahrscheinlich unglücklich.

Ich möchte dir mal ein Beispiel aus der Welt der Paarbeziehungen geben. Beim Thema Sex ist es oft so, dass unterschiedliche Bedürfnisse bei den Partnern vorhanden sind. Wenn jetzt der, der oft Sex braucht, dem anderen ständig Vorwürfe macht und der Meinung ist, dass die Beziehung viel besser wäre, wenn man mehr miteinander schlafen würde, dann vergisst der Fordernde die Eigenverantwortung. Wenn er sagt, dass der andere schuld sei an den Streitigkeiten, weil er ja nicht so oft Sex will, dann sucht er den Fehler nur bei seinem Gegenüber und setzt nicht bei sich an.

Denn gerade bei diesem Thema ist es so, dass es Menschen gibt, die Sex brauchen, um sich besser zu fühlen: Er baut Druck ab und hilft runterzufahren. Das sind meiner Ansicht nach egoistische Gründe, um mit dem anderen zu schlafen. Die besondere Verbindung zweier Menschen (die in der Bibel im Hohelied Salomos beschrieben wird) geht dabei verloren. Vor allem, wenn das Gegenüber nicht so richtig will und sich durch die Erwartungen noch weiter zurückzieht. So entsteht meistens ein Teufelskreis. Hier sollten beide Parteien eigenständig zu Gott gehen. Der eine könnte fragen: »Wo ist das Loch in meiner Seele, das ich durch Sex stopfen will?« Und der andere: »Gott, was ist los? Warum habe ich keine Lust auf Sex?« Jeder für sich muss sich eigenverantwortlich mit Gott darüber auseinandersetzen, denn nur Gott kann diese Löcher in unserer Seele stopfen. Der Heilige Geist ist ein sehr guter Berater in solchen Situationen, und ich kann dir wirklich empfehlen, ihn auch in dein Sex-Leben einzuladen.

Gibst du diese und andere Erwartungen an dein Gegenüber aktiv in der Kläranlage ab, lässt sie los und gehst selber aktiv Schritte, dann verschwinden auch die typischen Vorwürfe wie »Ich habe so viel für dich getan« oder »Wie du mir, so ich dir« aus deinen Beziehungen. Solche Sätze führen zu klassischen Konfliktsituationen, wie ich dir im ersten Kapitel dieses Buches gezeigt habe. Gehst du eigenverantwortlich den Weg über Gottes Kläranlage, dann bleiben die negativen Emotionen dort, und du gibst sie an Gott ab. So hört das ständige Taxieren auf, was deine Worte oder Taten bei deinem Partner, Freund oder Kollegen auslösen könnten oder sollten. Du darfst loslassen und Gott vertrauen, er kümmert sich schon um das Gute und gibt dir und deinem Gegenüber gute Impulse.

Aber Vorsicht: Mir erzählte mal ein Paar, dass sie an einem Punkt waren, an dem jeder für sich alles mit Gott ausgemacht und besprochen hat. Die Folge: Sie haben kaum noch miteinander geredet. So darf man die Eigenverantwortung natürlich auch nicht verstehen. Ich bin der Meinung, dass du deinem Partner Feedback zu seinem Verhalten geben darfst. Aber nicht aus der Emotion heraus, denn dann kommt es leicht dazu, dass man bewusst oder unbewusst Druck auf den anderen ausübt. Der steht dann mit dem Rücken an der Wand und holt zum Gegenschlag aus, und schnell herrscht wieder Kriegsstimmung. Erst wenn die Emotionen gereinigt sind, empfehle ich dir, mit deinem Partner, Freund oder Arbeitskollegen ein konstruktives Gespräch zu führen. Ich gebe jetzt mal ein krasses Beispiel und hoffe, dass du nicht davon betroffen bist: Wenn dein Mann dich schlägt, kannst du zwar deine Verzweiflung und Wut an Gott abgeben, deinem Mann vergeben und mit ihm das Gespräch suchen. Es ist kein einfacher Weg, in so einem Fall wirklich loslassen und vergeben zu können, aber Gott möchte dir dabei helfen. (Im Kapitel 8 werde ich dir zudem noch praktische Tipps geben, wie du Verletzungen eigenverantwortlich vergeben und bei Gott loslassen kannst.) Bist du dann mit deinem Mann versöhnt, kannst du anschließend ganz anders mit ihm umgehen. Aber gerade in so einem krassen Fall wie häusliche Gewalt muss auch dein Mann etwas ändern. Andernfalls muss es Konsequenzen haben, und eine Abgrenzung von ihm wäre in so einem Fall sehr wichtig. Es geht nicht darum, alles zu ertragen, sondern darum, wie du die Dinge verarbeitest und mit welcher inneren Einstellung du das Gespräch suchst und die Worte wählst. Gott hilft dir dabei, und das gilt für alle Härtegrade von Konflikten. Vom Müll rausbringen bis zu schweren Problemen wie Gewalt.

Wenn dann dein Gegenüber offen für sachliches Feedback ist und bestenfalls auch eigenverantwortlich seinen Part mit Gott klärt, dann ist die Chance sehr groß, dass sich etwas ändert.

Trag den Mist ab

Weil es so wichtig ist, wiederhole ich mich: Du kannst andere nicht ändern, **nur dich** selbst. Du hast immer die Wahl: **Du** kannst Gottes Angebote annehmen, aber erkennst du das nicht und hörst beispielsweise weiter auf dein verletztes Ego und nicht auf den Heiligen Geist, dann wird jeder unverdaute Konflikt das jeweilige Beziehungsdreieck immer mehr zumüllen. Jesus lädt uns immer wieder ein, seine Prinzipien ernst zu nehmen. Er ist kein weltfremder Gott. Er war Mensch und weiß, wie sich Konflikte anfühlen. Diese (zerstörerischen) Emotionen sind ihm bekannt. Bei ihm kannst du Schuld, Erwartungen und Enttäuschungen einfach abgeben und gegen gute Eigenschaften eintauschen. Machst du das nicht, wird der Müllberg immer größer, und er kann dich und das ganze Beziehungsdreieck ersticken.

In dem Punkt habe ich eine toughe Lektion lernen müssen. Kurz vor der Geburt meines Sohnes bekam ich eine Herzattacke und musste per Notarzt ins Krankenhaus. Dort wurde ich 24 Stunden lang durchgecheckt. Dann kam der Chefarzt zu mir ans Bett und sagte: »Herr Teichen, ich habe eine gute und eine schlechte Nachricht für Sie. Die gute ist: Wir haben nichts Organisches gefunden. Die schlechte ist: Obwohl wir nichts gefunden haben, wären Sie heute beinahe an einem psychosomatischen Herzinfarkt gestorben. Sie müssen dringend herausfinden, warum Ihre Seele der Meinung war, dass der Tod eine gute Lösung für Sie wäre.« Ich war geschockt. Neben mir saß meine hochschwangere Frau, und ich wollte unterbewusst sterben? Was war los? Wir beteten gemeinsam, und dann kam der Moment, der wehtat und an dem ich viel Demut brauchte, denn ich habe gemerkt: Es lag an mir, und ich musste etwas ändern. Als ich aus dem Krankenhaus entlassen wurde, bin ich es angegangen. Ich habe mir an diesem Tiefpunkt meines Lebens Freunde zusammengerufen und bin ans Kreuz gegangen. Und das war die Revolution: Gott war da. Er ist immer da. Er hat mir in dem Moment die

Wurzel gezeigt, von der der ganze Mist ausging, und hat mich an eine Situation erinnert, in der ich als Kind im Bett lag und einen Streit meiner Eltern gehört habe. Meine Mutter sagte zu meinem Vater: »Wenn das so weitergeht, dann will ich die Scheidung!« Ich hatte als kleiner Junge solche Angst, dass das wirklich passiert. Tief in mir habe ich das jahrzehntelang herumgetragen: Streit = Gefahr einer Scheidung. So bin ich jedem Konflikt aus dem Weg gegangen. Das war schwer, wenn man eine konfliktfreudige Frau hat und Senior, Pastor einer Gemeinde mit vielen Problemen und Auseinandersetzungen ist. Ich habe jahrelang alles in mich hineingefressen, bis es schließlich mich aufgefressen hat. Doch Jesus hat mir das als Ursprung meiner Angst gezeigt. Ich habe sie bei ihm abgegeben und bin aktiv Schritte gegangen. Dieses »aktiv werden« ist oft das Herausforderndste, wenn du zu Jesus ans Kreuz gehst, aber es gehört dazu, damit sich etwas ändert.

Ich habe mir damals Tipps von konfliktfähigen Menschen geholt und habe ihnen ehrlich erzählt, dass ich vor schwierigen Gesprächen aus Angst nicht schlafen konnte. Sie begleiteten mich in problematische Gespräche, beobachteten mich und gaben mir danach konstruktive Kritik zu meinem Verhalten. Dadurch konnte ich mir nach und nach ein neues Konfliktverhalten antrainieren. Das war nicht einfach für mich, und es brauchte zusätzlich auch Demut, wenn ich als Leiter dasaß und einen Gesprächscoach mit im Raum dabeihatte. Kam erst mal komisch und kostete mich einiges. Doch im Nachhinein war es gut!

Heute kann ich Konflikte führen und mag sie sogar, denn ich habe so oft gemerkt, dass der Konflikt eine Chance zu Weiterentwicklung ist.

Ich wünsche dir, dass du nicht so eine krasse Erfahrung machen musst wie ich damals und nicht erst wartest, bis du ins Krankenhaus kommst, bevor du etwas änderst.

Bleibst du auf den alten Wegen, dann landest du in der Sackgasse, und auch kein Partner-, Freunde-, Job- oder Kirchenwechsel wird etwas bringen. Denn auch bei einem Wechsel wirst du immer wieder an den gleichen Punkt kommen, du bist ja die gleiche Person und hast dich nicht verändert. Hätte ich nicht durch Gottes Hilfe die Wurzel meiner Angst vor Konflikten entdeckt und sie aus meinem Herzen gezogen, wäre ich weiterhin in jeder Beziehung allen Schwierigkeiten aus dem Weg gegangen. Ich wäre unglücklich gewesen, das hätte sich dann auf jede Beziehung ausgewirkt und manche wahrscheinlich zerstört. Jesus hilft dir dabei, dich zum Guten zu verändern, und er macht dich frei. Er kann wirklich aus dem größten Mist Dünger machen. Wie damals bei mir.

WERDE DIE RICHTIGE PERSON

Ich habe mich damals bewusst entschieden, etwas zu ändern. Gott hat mir gezeigt, dass das Problem bei mir lag und dass Beziehungen ungesund wurden oder sogar hätten zerbrechen können, weil ich Konflikten aus dem Weg gegangen bin. Und so war ich nahe daran, dem Zeitgeist zu folgen, den ich dir am Anfang des Buches beschrieben habe.

Die Schritte, nach denen heute viele Menschen Beziehungen führen:

Dass diese Schritte nicht die Lösung sind, brauche ich dir an dieser Stelle wohl nicht mehr zu erklären. Wenn wir Gottes Angebote für Beziehungen annehmen, dann sehen die Schritte, die wir im Beziehungsleben gehen sollten, so aus:

Gott hilft dir dabei, diese Schritte zu gehen, das ist die entlastende Nachricht. Doch es verlangt uns einiges ab, diesen Weg zu beschreiten. Ich möchte da eine Parallele zu Jesus ziehen. Ihn hat es viel gekostet, dass wir überhaupt die Möglichkeit haben, diese Punkte für uns anzunehmen: Er ist für uns ans Kreuz gegangen. Ich kann mir vorstellen, wie hart die Situation für ihn ist, als er im Garten Gethsemane sitzt und weiß, was auf ihn zukommen wird. Aber voller Vertrauen betet er zu seinem Vater:

> *»Abba, Vater,« sagte er, »dir ist alles möglich.*
> *Lass diesen Leidenskelch an mir vorübergehen.*
> *Doch dein Wille geschehe, nicht meiner.«*
>
> **Markus 14,36 NLB**

Er kennt seinen Vater, der es gut mit ihm meint. Er sagt zu ihm: »Dein Wille geschehe, auch wenn es für mich der härteste Gang meines Lebens wird. Ich weiß, dass du einen guten Plan hast.« Nur weil Jesus das getan hat, dürfen wir heute ans Kreuz gehen und uns seine lebensbejahenden Angebote abholen. Jesus weiß, wer dieser Gott ist. Wir müssen es uns aber immer wieder bewusst machen, indem wir ständig unsere Gottesbeziehung pflegen und leben. Dann können wir seine Liebe für uns annehmen und die Schritte gehen.

Ich muss nicht aus mir selber die richtige Person werden, sondern ich darf zu Gott gehen, der mir dabei hilft. Er meint es gut mit mir, auch wenn es manchmal wie bei Jesus auf den ersten Blick nicht so wirkt. Es ist alles eine Frage der Perspektive.

Wie Gott uns sieht

Gott zählt von hinten. Ich zähle von vorne. Das bedeutet, wenn ich in Situationen bin, in denen ich mich über mich selber ärgere, weil ich vielleicht ungeduldig war, dann sage ich innerlich zu mir: »Frauke, das nächste Mal reißt du dich zusammen. Dann gehst du erst zu Gott, holst dir die richtigen Worte ab, und danach reagierst du geduldig und gelassen.« Und was ist? Beim nächsten Mal reagiere ich doch wieder genauso wie beim ersten Mal. Das ärgert und frustriert mich. Bis mir eine Freundin erzählte, wie sie solche Situationen beurteilt. Sie sagte zu mir: »Ich stelle mir immer vor, dass Gott von hinten zählt. Er weiß, dass ich 23-mal genervt bin, wenn mein Mann aufgehalten wurde, später nach Hause kommt als ausgemacht, dann das Essen kalt wird und ich ihn deshalb unreflektiert anmeckere. Aber beim 24. Mal, da schaffe ich es, mir vorher die Geschenke vom Heiligen Geist zu holen und richtig zu reagieren. Ich selber weiß natürlich nicht, wie oft ich denselben Fehler machen muss, bis ich es gelernt habe. Aber Gott weiß das. Während ich mich also über mein falsches Verhalten ärgere, weiß Gott: ‚Super! Jetzt ist sie nur noch zweimal genervt, und dann hat sie es geschafft!'«

Das ist ihrer Meinung nach Gottes Perspektive auf uns, und mir gefällt diese Ansicht auch. Du kannst der richtige Mensch werden, weil Gott dich zuerst geliebt hat. Seine Perspektive auf unser Leben ist größer.

> *Du hast mich gesehen, bevor ich geboren war. Jeder Tag meines Lebens war in deinem Buch geschrieben. Jeder Augenblick stand fest, noch bevor der erste Tag begann.*
>
> **Psalm 139,16 NLB**

DER GÖTTLICHE TRAININGSPLAN

Wie wichtig eine lebendige Gottesbeziehung für meine menschlichen Beziehungen ist, war mir früher nicht bewusst. Auch nicht, wie groß meine Eigenverantwortlichkeit dabei ist.

Gott hilft mir und dir durch Gebet, den Liebesfluss und das Beziehungsdreieck, die richtige Person zu werden. Doch es gibt noch so viel mehr.

Im zweiten Teil dieses Buches möchten wir noch tiefer gehen und dir ein paar wichtige Punkte zeigen, die dir in Konflikten weiterhelfen können. Es geht um biblische Prinzipien wie liebevolle Ehrlichkeit, Vergebung oder göttliches Timing. Sie im Leben anzuwenden ist, wie einem göttlichen Trainingsplan zu folgen. Dabei gilt auch: Es ist deine Entscheidung, ob du diese Trainingseinheiten angehst und dranbleibst, auch wenn es mal schwierig wird. Denn auch hier gilt der alte, aber weise Spruch: Übung macht den Meister.

Es ist ein stetiger Weg und Prozess – ein Lebensstil. Nimmst du diese Prinzipien an, bindest sie in dein Leben ein, dann wachsen dir Muskeln in Konflikten. Du wirst das Klingeln des Heiligen Geistes schnell hören. Dadurch wirst du wachsam und dich mit guter Technik und Fitness den Konflikten stellen können und sie meistern. Es wird dir wahrscheinlich in deinem Beziehungsleben besser gehen. Ja, manchmal muss man in den Schmerz reintrainieren, doch dabei werden die Muskeln nur noch stärker. Wir versprechen dir, dass es wie beim Joggen ist: Vor dem Laufen finde ich tausend Ausreden, warum ich es nicht machen will. Aber wenn ich dann meine Einheit durchgezogen habe, dann fühle ich mich im Nachhinein immer gut. Ich habe nach dem Sport noch nie gedacht: »Hätte ich es mal nicht gemacht.« Wir sind uns sicher, dass du es genauso sehen wirst, wenn du anfängst, den göttlichen Trainingsplan in dein tägliches Beziehungs-Workout einzubinden.

Also: Runter vom Sofa und auf geht's!

MORGEN...
Morgen... räum ich auf!
BORN TO BE WILD
...nächte Woche aber wirklich...

Zu Sylvester pack ich das ganz bestimmt

TEIL 2

DER GÖTTLICHE TRAININGSPLAN

6.

RUNTER VOM SOFA – FANG DIREKT AN UND WARTE NICHT

Alles kann ich durch den, der mich befähigt
Wenn ich doch bloß an meine Laufschuhe käme ...
CHIPS

Die Prinzipien, die ich dir im ersten Teil vorgestellt habe, sind eine wichtige Grundlage für den zweiten Teil dieses Buches. Sie sind sozusagen das Rüstzeug, das du für dein Beziehungstraining brauchst. Du solltest dir also immer wieder die (Trainings-) Klamotten des Heiligen Geistes anziehen, auf seine Stimme hören, dich in den göttlichen Liebesfluss stellen, seine Engstellen entkalken und sozusagen zur Wasserflasche Gottes greifen, um seine Liebe aufzutanken und sie an andere weiterzugeben. Zudem steht das Beziehungsdreieck mit seiner göttlichen Kläranlage jederzeit für dich bereit. Es unterstützt dich, wenn du die weiteren Prinzipien zur göttlichen Konfliktbewältigung, die ich dir in den folgenden Kapiteln erkläre, anwenden und eintrainieren willst.

Ich bin mir sicher, dass dir all das in schwierigen Situationen helfen kann. Oder besser, dass Gott dir bei deinen zwischenmenschlichen Problemen helfen wird, wenn du ihn mit ins Boot nimmst. Denn Konflikte, so negativ sie erst mal erscheinen, können durchaus etwas Positives auslösen. Doch dafür muss man sich ihnen stellen und sie angehen.

DAS GUTE AN KONFLIKTEN

Vom Stolper- zum Trittstein

Teenie-Mädels sind groß darin, versteckte Konflikte schwelen zu lassen. Das war schon zu meiner Jugendzeit so. Da ist Nicki sauer auf Sandy, weil sie das Gefühl hat, dass Sandy ein Auge auf ihren Freund geworfen hat. Direkt fragen will sie sie aber nicht,

und deshalb bespricht Nicky das Problem mit Chantal, und die ist Nickys Meinung, sie bestätigt: »Sandy macht aber auch jeden Typen in der Stufe an.« Chantal lästert direkt mit Anne darüber. Sandy und deren Mädels sind für sie gestorben. Die Sandy-Front wiederum steht fest zu ihrer Freundin. Denn sie finden Chantal und Anne schon lange doof, und jetzt erheben sie sich auch noch über Sandy und wissen alles besser. »Mit denen will doch keiner etwas zu tun haben!«, lästern sie. Die Folge: Die halbe Klasse hat einen – unter der Oberfläche schwelenden – Konflikt miteinander.

Dieses Phänomen findet man überall: in der Kirche, Arbeit, Familie, Nachbarschaft und unter Freunden. Einen Konflikt nicht offen anzugehen, hat aber auch immer Folgen. Hier mal klassische Beispiele:

1. *Da sind Menschen unzufrieden in ihrer Gemeinde und gefrustet. Ihnen gefällt nicht, wie das Team, in dem sie ehrenamtlich tätig sind, geleitet wird. Sie lamentieren und sagen: »Ach, ich kann da so wieso nichts ändern.« Deshalb sprechen sie es nicht an. Es brodelt in ihnen, und so richtig Lust, in die Kirche zu gehen, haben sie auch nicht mehr.*

2. *Da kritisiert der Chef (vielleicht) zu Unrecht die beliebte Teamleiterin – sie traut sich nicht, Kontra zu geben, unglücklich leidet sie in sich hinein und arbeitet frustriert weiter.*

3. *Oder das Ehepaar, das seine Konflikte nicht angeht, beide fressen alles in sich hinein oder brüllen sich an. Die Stimmung in der Familie ist alles andere als gut, und langsam, aber sicher entfernt man sich voneinander.*

Ich erlebe oft, dass viele Menschen, die in solchen oder ähnlichen Situationen sind, denken:

1. *»Ich mag mich nicht mit den Leuten in der Gemeinde streiten, dann wird doch alles nur noch schlimmer.«*

2. *»Ach nee, ich kann doch meinen Chef nicht kritisieren, was denkt der dann über mich?«*

3. *»Ach, bei meinem Partner sind die Fronten schon so verhärtet – da habe ich schon lange aufgegeben, bringt ja eh nichts.«*

Man verhält sich dann gern nach dem Motto: Besser den Konflikt nicht angehen und nichts machen. Doch das bringt, meiner Meinung nach, auf Dauer auch nichts. Denn handelt man in diesem Sinne und geht einer Konfrontation aus dem Weg, dann könnten meine Beispiele am Ende so ausgehen:

1. *Irgendwann sind die Leute so gefrustet und unzufrieden, dass sie die Gemeinde verlassen. In der neuen Kirche werden sie aber vermutlich irgendwann auf ähnliche Probleme stoßen, weil es einfach überall Dinge gibt, die einen stören, und man selten etwas ändern kann, wenn man es nicht anspricht.*

2. *Die Teamleiterin sucht sich heimlich einen neuen Job. Dort wird sie aber vermutlich auf ähnliche Situationen stoßen, weil sie sich dort auch nicht trauen wird, das Wort gegen Vorgesetzte zu erheben.*

3. *Die Ehe scheitert, weil der Konflikt immer größer und unüberwindbarer scheint.*

Es ist herausfordernd, Konflikte richtig anzugehen. Manch einer möchte sich dieser Herausforderung lieber nicht stellen und handelt nach der Devise: Besser nicht auf den (Konflikt)-Stolperstein treten, damit man

nicht fällt. Ich bin der Meinung, dass das keine gesunde Einstellung ist. Denn gehst du den Konflikt nicht an, dann wird der Konfliktberg nur noch größer und immer schwieriger zu besteigen. Hätten Sandy und Nicky ihr Problem nur miteinander geklärt, wäre es nicht so groß geworden und hätte nicht Auswirkungen auf die ganze Klasse gehabt.

Den direkten Weg wählen!

Hat man einen Konflikt mit einem Menschen, ist es besser, direkt und allein mit ihm zu reden. Der gerade Weg ist einfach der beste und effektivste. Hintenherum über den anderen zu lästern oder andere mit ins Boot zu nehmen, vergrößert die Differenzen nur noch.

Dieses Prinzip kannst du ebenfalls in der Bibel finden:

Wenn dein Bruder oder deine Schwester Schuld auf sich geladen hat, dann geh zu dieser Person hin und stell sie unter vier Augen zur Rede.

Matthäus 18,15a; HFA

Eine Chance zur Veränderung

Egal, von welcher Seite man es betrachtet: Ein Konflikt hat immer Folgen. Es sind aber nicht nur schlechte. Ich glaube, dass Konflikte oder eben diese Gespräche, in denen man besonnen reagieren sollte, um Weichen zu stellen, so wichtig sind, um gesunde, aufblühende und starke Beziehungen zu erleben. Deshalb sieh solche Konfliktsituationen nicht als Krisen, sondern als Chancen. Machst du nichts, passiert bestenfalls nichts, und du trittst auf der Stelle. Doch meistens wird das Problem noch größer und zu einem Stolperstein. Wendest du dich vom Konfliktpartner, dem Job oder der Kirche ab, dann bringt dich das auch nicht weiter. Du selber bist ja immer noch die gleiche Person und nimmst deine persönlichen Probleme und Verletzungen mit in die nächste Arbeitsstelle, Kirche, Freundschaft oder Ehe. Gehst du die Sache aber an, dann besteht die Möglichkeit, dass ein Trittstein daraus werden kann, der vor allem dich weiterbringt: Wenden wir dieses Prinzip mal auf unsere fiktiven Beispiele an:

1. Die Mitarbeiter des ehrenamtlichen Teams hatten zwar heftige Diskussionen, doch dabei kamen zwei unterschiedliche, aber gleich wichtige Schwerpunkte heraus. Sie haben gemerkt, dass es Sinn macht, die Gruppe zu teilen. So konnten sogar neue Bereiche entstehen.

2. Die Teamleiterin hat es geschafft, dem Chef ihre Position deutlich zu machen und ihm ehrlich zu sagen, wie es ihr geht – aber in einer guten Art und Weise (wie das geht, zeige ich dir in Kapitel 7). Dadurch ist sie sogar im Ansehen des Vorgesetzten gestiegen, weil ihn ihre offene Art beeindruckt hat.

3. Das Ehepaar geht seine Konflikte konstruktiv an, und ihre Beziehung geht gestärkt und gefestigt aus der Krise hervor.

HAST DU GOTT SCHON IN KONFLIKTE EINGELADEN?

Ich habe die Erfahrung gemacht, dass die Frage nicht ist, ob Konflikte in unser Leben kommen. Die Frage ist vielmehr, wie wir mit ihnen umgehen. Ich denke, dass die meisten Probleme für uns nicht unlösbar sind, wir haben eher das Problem, sie zu besprechen und anzugehen. Viele von uns wissen gar nicht, wie man

konstruktiv und auf eine gute und göttliche Art Streitigkeiten löst. Gott bietet uns nämlich auch in Konflikten seine Hilfe an. Dass er für diesen Lebensbereich viele Ideen und (An-)Gebote für uns bereithält, vergessen wir oft. In der Emotion haben wir tausend Gedanken im Kopf und suchen nicht als Erstes Gottes Nähe und Unterstützung. Das ist kein Neuzeitphänomen. Schon Paulus hat das oft erlebt. So oft, dass er passend dazu einige wichtige göttliche Prinzipien zur Konfliktbewältigung in seinem Epheserbrief festhält, den er an eine christliche Gemeinde schreibt. Und bevor er konkret zum göttlichen Konflikttraining kommt, schreibt er:

> *Ich will vor Gott bezeugen, dass ihr nicht mehr leben sollt wie Menschen, die Gott nicht kennen und deren Denken ohne Sinn und Ziel ist.*
>
> **Epheser 4,17**

Dieser Satz hat mich beim Lesen aufhorchen lassen, denn Paulus schreibt doch an Christen! Also Menschen, die Gottes Kinder sind? Wieso schreibt er, dass sie bisher gelebt haben, als würden sie Gott nicht kennen?

Meine Ansicht dazu: Auch die Empfänger von Paulus' Brief leben oft, wie ich es liebevoll nenne, als Alltagsatheisten. Sie kennen und lieben Gott, schließen ihn aber aus einigen Lebensbereichen aus. Vielleicht weil sie ihn nicht für kompetent in dem Bereich halten oder gar nicht wissen, wie praktisch Gott helfen könnte.

> *Ihr Verstand ist verfinstert und sie sind von dem Leben, das Gott für sie hat, weit entfernt, weil sie von ihm nichts wissen wollen und ihre Herzen hart geworden sind.*
>
> **Epheser 4,18**

Hier hilft der Liebesfluss, den wir dir im ersten Teil des Buches vorgestellt haben. Er kann dir helfen, dass dein Herz lebendig und weich bleibt und du dir Gottes Ideen und Liebe für dein Leben abholen kannst. Auch Paulus kennt das Liebesflusssystem und weiß, wer den Christen beim göttlichen Training helfen kann.

> *Durch Christus habt ihr jedoch etwas anderes kennengelernt, (...) Deshalb sollt ihr euer altes Wesen und eure frühere Lebensweise ablegen, die durch und durch verdorben war und euch durch trügerische Leidenschaften zugrunde richtete. Lasst euch stattdessen einen neuen Geist und ein verändertes Denken geben.*
>
> **Epheser 4,20 und 4,22-23**

Du darfst Jesus alles bringen, was dich limitiert und was dein Leben schwermacht. Du kannst es am Kreuz eintauschen gegen lebensbejahende Eigenschaften. Diese Veränderungskraft von Jesus darfst du jederzeit erleben – auch in deinen Konflikten.

Deshalb mach dir keine Sorgen, wenn du das liest, Christ bist und auch Defizite in deinen Konflikten und Beziehungen erkennst. Mit deiner Entscheidung, Jesus nachzufolgen, bist du ja nicht perfekt geworden. Du hast dich entschieden, einen Weg zu gehen, bei dem du Jesus ähnlicher werden willst. Und das passiert Schritt für Schritt. Gott hat so viele gute Ideen für dich und dein Leben mit anderen Menschen. Und du darfst jederzeit auf seine Hilfe zurückgreifen. Jesus sagt dazu an vielen Stellen in der Bibel (zum Beispiel in Lukas 10,9 oder Matthäus 12,28), dass das Reich Gottes bei uns beginnt. Das bedeutet für mich: Es fängt heute an.

DAS TIMING IN KONFLIKTEN

Wir gehen jetzt ein bisschen ins Detail und starten mit einem wichtigen Tipp, den Paulus[32] uns im Epheserbrief für Konfliktlösungen gibt:

Sündigt nicht, wenn ihr zornig seid, und lasst die Sonne nicht über eurem Zorn untergehen.

Epheser 4,26

Heißt im Klartext: Löst die Konflikte zeitnah. Wäre also in Fraukes Beispiel Nicky direkt zu Sandy gegangen und hätte sie sofort angesprochen und den Konflikt geklärt, wäre der Rattenschwanz an Problemen gar nicht aufgekommen. Ich habe bei solchen Konstellationen schon erlebt, dass sich später die eigentlichen Parteien vertragen hatten, während die Leute drumherum (also in dem Fall Chantal, Anne und die anderen Mädels) noch gestritten haben. Das erforderte dann ein aufwendiges Konfliktlösungsmanagement, um alle wieder zu versöhnen.

Sammle keinen Müll an

Wenn du Kinder hast, dann kennst du das: Du kommst in ihr Zimmer und es trifft dich der Schlag. Überall liegt alles herum. Ein Chaos. Jetzt hast du die Wahl: Räumst du (in dem Fall natürlich zusammen mit dem Kind) auf? Oder lässt du alles liegen, bis der Raum so vermüllt ist, dass du ihn nicht mehr betreten kannst? Das wäre dann das Messie-Syndrom. Einfach nichts angehen oder nicht aufräumen, sondern den Berg an Müll und Mist immer mehr wachsen lassen. Das kann man auch auf das Angehen von Konflikten beziehen. Wenn du direkt das Gespräch suchst, wie Paulus empfiehlt, und die Angelegenheit nicht unter den Teppich kehrst, dann sammelt sich auch kein Müllberg an. Der Konflikt lässt sich meistens schneller und einfacher lösen. Aber auch hier ist neben dem Timing natürlich hilfreich, dass du Gott möglichst bald mit ins Boot nimmst, wenn du merkst, dass du jetzt gleich eine Auseinandersetzung führen wirst oder führen solltest.

Nicht immer schaffe ich es, auf der Stelle zu Gott zu gehen, wenn es in mir brodelt. Doch es gab mal eine Meinungsverschiedenheit zwischen Tobi und mir, da war ich am Ende froh, dass ich schlussendlich schnell auf Gottes Angebot zurückgreifen konnte.

Ich erkläre dir kurz, worum es ging: Du hast ja schon gelesen, dass Tobi und ich in einigen Punkten sehr unterschiedlich sind. Auch beim Thema Essen. Ich esse nach der Devise: Qualität vor Quantität. Bei Tobi war damals vor allem Quantität wichtig. Grundsätzlich kann es ja jeder machen, wie er es für richtig hält. Doch wir haben einen Sohn und mussten uns irgendwann einigen, nach welchem Motto wir unsere Ernährung steuern. Bene strich sich oft dicke Schichten Nutella auf sein Brot. Ich mochte das gar nicht sehen und bat ihn, es nicht zu tun. Fühlte mich aber allein mit dieser Bitte, denn Tobi legte ja auch lieber 6 als 2 Salamischeiben auf sein Brot. Die Folge: Wir stritten uns vor unserem Sohn und es herrschte schlechte Stimmung in der Familie, die sich manchmal den ganzen Tag über hinzog. Ich hatte den schwarzen Peter, weil ich den Jungs in ihren Augen ihr Nutella nicht gönnte, und ich persönlich fühlte mich unverstanden. Aber so war es ja nicht, ich machte mir Sorgen um ihre Gesundheit. Diese Sorge kam bei ihnen nur nicht an.

Vor Kurzem hatten wir das Problem dann mal wieder. Benes Frühstückssemmel war mehr ein Nussnugatberg als ein Brötchen. Ich merkte, wie die Wut in mir aufstieg, aber dieses Mal habe ich es anders gemacht als sonst, denn ich erinnerte mich an Gottes Kläranlage. Ich stand auf, sagte zu Bene und Tobi: »Ich kann es nicht mit ansehen, wie ihr esst. Ich gehe woanders hin und esse da.« Auf dem Sofa sitzend lud ich Jesus in die Situation ein und fing an zu beten: »Jesus, hilf mir! Wir haben so unterschiedliche Meinungen, mich regt das auf!« Und plötzlich hatte ich das Gefühl, dass er mich fragte: »Was ist dein Problem? Glaubst du, dass Tobi unverantwortlich mit Essen umgeht?« - »Ja«, sagte ich, »das glaube ich wirklich.« Dann kam der Eindruck: »Du glaubst es, aber du weißt es nicht! Du solltest ihn vielleicht mal fragen, ob er wirklich unverantwortlich mit Essen umgeht und ob ihm gesunde Ernährung wirklich wurscht-egal ist.« Nachdem ich zu Ende gebetet hatte, habe ich meine Emotionen im Griff gehabt und meinen Mann ruhig gebeten, mal mit mir nach oben zu gehen. Ich habe ihm unter vier Augen (nicht wie sonst vor Bene) gesagt, dass es für mich (Ich-Botschaft) eine schwierige Situation ist, weil ich denke, dass gesunde Ernährung wichtig für unser Kind ist und ich mich wie ein Depp fühle, weil ich die böse Mama bin.

Dann habe ich ihn direkt gefragt, ob ihm gesunde Ernährung wichtig ist. Seine Reaktion erstaunte mich, denn er erzählte mir, dass es ihn sehr beschäftigt. Tobi gab mir viele Beispiele dafür, bei denen er darauf achtet, sich gesund zu ernähren. Mir war das bisher nur gar nicht aufgefallen. Auf einmal sah ich es auch, denn ich bekam Details von ihm, und meine Perspektive wurde erweitert. Wir konnten uns aussprechen, einen Mittelweg finden und wieder eine Einheit gegenüber Bene werden. Ohne Vorwürfe und mit Verständnis für den anderen. Im Endeffekt haben wir nicht eine Zentimeterhöhe für das Nutella festgelegt. Der Konflikt war für mich gelöst, als ich verstanden habe, dass Tobi, auf seine Weise, auch auf Ernährung achtet. Jetzt vertraue ich ihm, dass er das auch bei Bene macht. Ich bin froh, dass ich den Konflikt an diesem Tag so schnell und direkt und vor allem mit Gottes Hilfe angegangen bin. Viele Male war es anders. Ich wäre entweder explodiert oder das Problem hätte unter der Oberfläche geschwelt. Schlimmstenfalls wäre der gesamte freie Tag kaputt gewesen, weil schlechte Stimmung geherrscht hätte. So oder so hätte sich Müll in unserer Ehe angesammelt, der aber durch das schnelle Angehen des Konflikts wieder rausgekehrt werden konnte. Ich habe in den letzten Jahren immer wieder gemerkt, dass es wichtig ist, Konflikte auf eine gute und göttliche Art zeitnah anzugehen, denn:

JE LÄNGER DER ZEITRAUM ZWISCHEN DEM AUFTRETEN EINES KONFLIKTES UND DER ENTSCHEIDUNG, IHN ANZUGEHEN, IST, DESTO UNGESÜNDER IST DIE BEZIEHUNG.[33]

Der Misthaufen wird größer und der Konflikt weitet sich aus. Im besten Fall bleibt er gleich und steht weiter müffelnd und stinkend in deinem Lebenshaus herum.

Wenn du also das nächste Mal das Gefühl hast, dass ein Konflikt ansteht, dann erinnere dich an die Übung von Paulus und versuch ihn zeitnah zu Gott in die Kläranlage zu bringen, um danach ein konstruktives Gespräch zu suchen. Und eines ist in jedem Konflikt ganz wichtig:

SAG DIE WAHRHEIT

Hört auf zu lügen und sagt einander die Wahrheit, weil wir alle zusammengehören.

Epheser 4,25

Auch das ist einer von Paulus' Tipps im Epheserbrief, der nicht einfach für uns ist. Wirklich die Wahrheit? Also keine Notlügen gegenüber Freunden wie: »Nein, ich habe gar kein Problem damit, dass du heute nicht kommen kannst, wirklich nicht!« Sondern ehrlich sagen: »Ich bin traurig, dass wir uns so selten sehen. Unsere Beziehung ist mir so wichtig, aber weil du häufig andere Sachen vorhast, frage ich mich, ob sie dir auch wichtig ist?«

Ich weiß, die Wahrheit sagen und sie dann auch auszuhalten, fällt vielen von uns schwer. Das hat einen Grund: Wir denken, dass wir unser Gegenüber verlieren oder verletzen, wenn wir ihm die Wahrheit sagen, tun es dann lieber nicht und gehen dadurch einem schwierigen Gespräch aus dem Weg. Und was passiert: Müll sammelt sich an.

Der Soziologe und Psychologe Dr. Joseph Grenny[34] hat durch einen Versuch die Annahme »Sage ich die Wahrheit, verliere ich einen Freund« bestätigt, dass wir diese Ansicht schon seit frühester Kindheit mit uns herumtragen. Dabei sollte man ja eigentlich denken, dass Kinder noch ehrlicher sind als Erwachsene. Aber weit gefehlt. Grenny hat zusammen mit seinem Sohn Samuel folgendes Experiment durchgeführt: Samuel hat einige Kinder zu einer Brownie-Verkostung eingeladen. Auf der einen Seite hatte er Brownies vorbereitet, die er angeblich nach dem Rezept seiner geliebten kürzlich verstorbenen Großmutter gebacken hatte. Die waren aber total versalzen. Auf der anderen Seite standen ganz normale Schokoküchlein, die er nach einem 0815-Rezept hergestellt hatte. Grennys Sohn wollte jetzt von den Kindern wissen: »Welcher Brownie schmeckt besser? Der von meiner geliebten verstorbenen Oma oder der normale?« Und als zusätzlichen Dank bekam jedes Kind auch noch einen Dollar dafür. Was machten die Kinder? Waren sie ehrlich und sagten Samuel die Wahrheit, nämlich dass Omas Brownies ekelhaft schmeckten? Oder haben sie gelogen, weil sie seine Gefühle nicht verletzen wollten?

Alle verzogen angeekelt das Gesicht, aber zeigten trotzdem auf Grandmas Brownies. Sie kommentierten: »Das sind die besseren Kekse.« Aber die Wahrheit zeigte sich hinterher. Als Samuel den Kindern auf dem Flur noch mal die versalzenen Brownies anbot, schüttelten alle angewidert den Kopf.

Wir Erwachsene kennen das auch: Die Wahrheit findet auf dem Flur statt. In einer Konferenz finden wir gern alles gut, was der Chef sagt (oder geben zumindest kein Feedback), aber auf dem Flur und in der Kaffeeküche, da regen wir uns über den Idioten auf. (Gleiches Muster gilt für Freundschaften, Familien und Ehen.)

Dieses Verhaltensmuster haben die meisten von uns seit Kindesbeinen trainiert, es wirkt sich auf unser gesamtes Konfliktleben aus und beeinflusst Familien-, Kirchen- und Arbeitsleben. Die Herausforderung ist es, in diesem Punkt umzulernen. Und wieder die Wahrheit zu sagen, auch wenn es manchmal Mut braucht.

Stell dir vor, du hast einen Partner, chattest aber die ganze Zeit mit einer anderen Frau/einem anderen Mann. Du erzählst das zwei Freunden. Folgende Reaktion kommt von ihnen:

Freund A sagt: »Ist doch egal, mach es doch, wenn es dir Spaß macht.«

Freund B sagt: »Na, ja. Ich glaube, ich würde da gerne ein offenes Wort mit dir reden, wenn es für dich ok ist. Klar, du kannst mit der Person chatten. Aber ich kann mir vorstellen, dass du dich dadurch innerlich immer weiter von deiner Frau/deinem Mann entfernst. Das sind die ersten Schritte zur Entfremdung eurer Beziehung. Ich möchte nur ehrlich zu dir sein. Du kannst das machen mit dem Chatten. Ich will dir nur sagen, wie ich die Folgen einschätze. Das ist aber deine Entscheidung und beeinflusst null meine Freundschaft zu dir.«

Freund B hat eindeutig mehr Mut bewiesen als Freund A, und er meint es gut mit dir, denn er will dich schützen, weil er offen und ehrlich war. Leider erlebe ich meistens, dass viele reagieren wie Freund A, aber denken wie Freund B. Man sagt nichts, weil man Angst hat, dass man den anderen mit der Ehrlichkeit vor den Kopf stoßen könnte. Man mischt sich lieber nicht ein und sagt das, von dem man glaubt, was der Freund gerne hören möchte.

Wir sollten umdenken und eine Kultur schaffen, in der wir offen und ehrlich miteinander umgehen. Der Lüge, dass wir durch ehrliche Worte die Beziehungen oder Freundschaften zerstören könnten, sollten wir nicht mehr glauben. Aber wie?

Auch hier hat Paulus die Antwort in seinem Trainingsplan parat:

Lasst uns aber die Wahrheit reden in Liebe und in allem hinwachsen zu ihm, der das Haupt ist, Christus.

Epheser 4,15; ELB

Wir sollen also in Liebe die Wahrheit sagen! Das ist die Lösung!

Aber als ich das zum ersten Mal in der Bibel gelesen habe, habe ich mich direkt gefragt: »Wie geht das?« Paulus meint sicher nicht, dass man zum anderen sagen soll: »Ich liebe dich, aber trotzdem bist du ein Idiot und ein kompletter Chaot. Das wollte ich dir schon immer sagen! Aber vergiss nicht: Ich liebe dich!«

So wird dieses biblische Prinzip »Wahrheit in Liebe sagen«[35] wohl nicht umsetzbar sein. Im nächsten Kapitel werden wir dir zeigen, wie du liebevoll ehrlich werden kannst, ohne dadurch eine Beziehung zu gefährden.

ÜBUNG 1 – DIE WAHRHEIT IN LIEBE SAGEN

Da ich zwei linke Handwerkerhände habe, würde ich mich nie an die Elektronik in unserem Haus wagen. Als vor Kurzem ein Elektriker an unseren Lampen werkelte und ich sah, wie er die Kabelenden von der Isolationsschicht befreite, um an den Kupferdraht zu kommen, fiel mir folgendes Bild wieder ein: »Wahrheit in Liebe« zu sagen ist wie dieser Elektrodraht. Die Wahrheit sagen, das heißt anderen gegenüber wirklich ehrlich werden, wie der Kupferdraht, an dem man sich schnell die Finger verbrennt.[36] Und die Liebe ist die Isolation um diesen »Wahrheitsdraht«. Wir brauchen diese Schicht, damit unser Gegenüber merkt, dass wir ihn nicht verletzen wollen und es gut mit ihm meinen, wenn wir ehrlich werden. Es gibt einige Strategien und Tools, wie man das schaffen kann.

Lass uns doch zunächst einmal die Beziehungsebene ansehen. Bereits auf dieser Ebene müssen wir den Draht mit der Liebesschicht isolieren. Denn wenn man an den Punkt kommt, an dem man in einer Freundschaft oder Partnerschaft die Wahrheit (in Liebe) aussprechen muss, ist es wichtig, dass die Beziehung auf einem festen Fundament steht. Wie können wir da praktisch werden, um die Grundlage aus Liebe zu schaffen, damit wir mit unseren Aussagen den anderen nicht verletzen? Ich möchte dir dazu ein paar Tipps geben.

Welche Wahrheit ist die wahre?

Es gibt immer zwei Wahrheiten: Eine subjektive und eine objektive Wahrheit. In fast allen Bereichen unseres Lebens glauben wir, die objektive Wahrheit zu kennen, aber das ist leider nicht so. Es ist immer meine subjektive Wahrnehmung, die ich anderen sage. Mein inneres Erleben und Interpretieren vermischt sich mit äußeren Eindrücken. So besteht meine subjektive Wahrheit aus einem Puzzle mit vielen Bausteinen, aber eben auch aus Lücken. Wenn du anderen Menschen »die Wahrheit« sagst, mach dir bitte bewusst, dass es deine subjektive Wahrnehmung ist, die du dem anderen zur Verfügung stellst.

Stell dir vor, zwei Kinder haben einen Konflikt. Auf einmal schlägt das eine Kind zu. Du kommst »objektiv« dazu, und dein Urteil (also deine Wahrheit) lautet: Das Kind hat geschlagen, also ist es der Aggressor. Aber du hast nicht mitbekommen, dass das geschlagene Kind dem anderen die Schaufel weggenommen und es beleidigt und beschimpft hat. Auf die Bitte, aufzuhören und sie zurückzugeben, hat es nicht reagiert. Klar, der eine hat geschlagen, das war nicht gut. Trotzdem hat der andere provoziert und genauso zu dem Konflikt beigetragen.

Und welche Probleme und Prägungen in den Kindern von zu Hause eingepflanzt sind, haben wir noch nicht mal betrachtet. Das alles kannst du auch nicht objektiv bewerten, da du die Details nicht kennst.

Wirklich objektiv ist meiner Meinung nach nur Gott, denn er kennt alle Bausteine und Facetten der Wahrheit. Wir Menschen nicht. Wir sollten ehrlich zu uns sein: Wir geben immer nur eine subjektive Wahrheit an unser Gegenüber weiter.

IM VORFELD DIE BEZIEHUNG FESTIGEN

Wenn ich ständig Geld von meinem Konto abhebe, ohne etwas einzuzahlen, dann bin ich schnell im Minus und irgendwann dreht mir die Bank den Geldhahn zu. So ist das auch bei zwischenmenschlichen Beziehungen. Wenn ich immer nur »abhebe«, also fordere oder kritisiere, und nie etwas in die Freundschaft oder Ehe »einzahle«, also investiere, dreht mein Gegenüber mir wahrscheinlich irgendwann den »Beziehungs-Geldhahn« zu. Die Gefahr ist groß, dass mein Partner oder Freund dann dichtmacht und sich höchstwahrscheinlich (gerade in Konflikten) von mir abwendet. Ich glaube, dass eine gute Beziehungsbasis wichtig ist, um konstruktiv Konflikte anzugehen. Und es gibt einige Möglichkeiten, dieses Fundament zu stärken. Ich habe dir zum Beispiel schon erzählt, dass Frauke und ich uns angewöhnt haben, uns für alles zu danken, was uns positiv auffällt. Nichts als normal anzunehmen. Das war am Anfang komisch, ist aber mittlerweile ganz selbstverständlich geworden. Diese Kultur der Dankbarkeit ist ein wichtiges Fundament unserer Beziehung, dadurch fühlen wir uns gegenseitig wertgeschätzt.

Prioritäten setzen

Oft erlebe ich, bei mir selbst oder bei anderen, dass man in Beziehungen seine Prioritäten falsch setzt. Für eine Freundin oder meinen Job raffe ich mich auf, auch wenn ich vielleicht keine Lust habe, mich am Abend zu treffen. Mein Gegenüber merkt dann später selten, dass ich vorher keine Motivation hatte. Aber innerhalb der Familie bin ich schneller genervt und zeige das auch, wenn ich keine Lust habe, meine Zeit zu investieren.

Wir haben oft Besuch, und ich bereite dann gerne alles schön vor. Mein Sohn geht meistens ins Bett, bevor die Gäste abends kommen. Eine Zeit lang kam das häufig vor. Er war dann sehr traurig und sagte: »Ach, ist das alles hier schön vorbereitet, aber ich muss ja ins Bett.«

An einem Sonntag stand nichts im Kalender. Bene und ich saßen auf dem Sofa, und er schaute einen Film. Ich war müde und hatte einfach nur Lust auf einen ruhigen Abend. Da kam mir ein Gedanke: »Frauke, wenn du heute Gäste hättest, würdest du dann so hier herumsitzen? Nein, du würdest in der Küche stehen und liebevoll alles zubereiten.« Und der Gedanke ging weiter: »Was wäre, wenn Bene heute dein Besuch wäre?« Und da habe ich mich bewusst entschieden, meinem Sohn eine Freude zu machen. Ich stand also in der Küche und bereitete sein Lieblingsessen zu. Den Tisch hatte ich festlich gedeckt. Da kam mein Sohn zu mir und sagte: »Oh, Mama, du hast alles wieder so schön gemacht! Bekommst du wieder Besuch? Und ich muss wie immer ins Bett …« – »Aber du hast doch gar nicht gefragt, wer mein Besuch ist«, sagte ich. »Wer denn?«, fragte Bene. »Du, Bene! Du bist heute mein Besuch«, antwortete ich. Als er das begriffen hatte, strahlte er über das ganze Gesicht. Und es war ein toller Abend, der unsere Beziehung gestärkt hat. Es lohnt sich einfach, in andere zu investieren und Prioritäten zu setzen, vor allem auch innerhalb der Familie.

Den anderen ehren

Vor Kurzem hatten wir unseren Ehevormittag. Wir saßen am Tisch und wussten nicht, was wir machen sollten. Waren beide unzufrieden. Dann fiel uns auf, dass wir so niemals in ein berufliches Meeting gehen würden. Wir würden die anderen Teilnehmer dort gar nicht wertschätzen, wenn wir uns nicht vorbereiten würden. Im Job ist das selbstverständlich für uns, warum nicht auch bei unseren Ehequalitätszeiten? Wir haben uns also vorgenommen, dieses Manko zu ändern, und denken uns jetzt gegenseitig Aktionen aus, die wir am Ehevormittag durchführen. Das zeigt uns gegenseitig, dass wir uns Mühe für den anderen geben und ihn dadurch ehren.

Auch das ist ein wichtiger Eckpfeiler für eine starke Beziehung: Den anderen ehren! Das vermittelt beiden Beziehungspartnern Sicherheit. »Ehren« ist auf den ersten Blick vielleicht ein etwas verstaubtes Wort. Manche würden es wohl mit »dem anderen Respekt erweisen« übersetzen. Aber das ist etwas anderes. Denn Respekt kann man sich verdienen. Respekt hat man vor dem Sportler, der den Weltrekord geschafft hat, oder der Mutter, die mit vier kleinen Kindern die Ruhe im Supermarkt bewahrt. Aber Ehre steht jedem Menschen zu, da er von Gott geschaffen wurde. Zum Beispiel hat Petrus die ersten Christen angewiesen, den politischen Anführer zu ehren (1. Petrus 2,17). Das war damals Kaiser Nero, einer der schlimmsten Christenverfolger überhaupt. Offensichtlich verdiente der keinen Respekt, aber Ehre stand auch ihm zu.

Ehren heißt nicht, dass ich alles gut finde, was du tust, und jede deiner Handlungen beklatsche. Ehren bedeutet, dir so zu begegnen, wie Gott mir begegnet. Ich verurteile dein Handeln nicht, muss es aber auch nicht für richtig halten, sondern ich hole mir im Beziehungsdreieck Gottes Perspektive und Liebe für dich und mich ab.

Vermittle dem anderen: Deine Probleme sind mir wichtig!

Vor allem in schwierigen Gesprächen, in denen du anderen liebevoll die Wahrheit sagen musst und willst, ist es wichtig, dem Gegenüber deutlich zu machen, dass du ihn ehrst und ernst nimmst. Er merkt, dass er dir wichtig ist und somit auch eure Beziehung zueinander. Machst du das nicht und greifst deinen Gesprächspartner nur mit Vorwürfen an, dann schießt er zurück oder wendet sich ab. Zeige ihm: Deine Probleme sind auch meine Probleme. Dann ist es einfacher, die Wahrheit in Liebe zu sagen. Wenn beispielsweise jemand im Job ständig zu spät kommt, könntest du folgendermaßen reagieren: »Schau mal, dadurch dass du morgens zu spät kommst, haben wir ein Problem. Wir können erst später in die geplanten Meetings starten und verlieren Arbeitszeit. Wie können wir das gemeinsam lösen? Kann ich dir dabei helfen?« Auch hier empfehle ich dir, im Dialog mit Gott zu sein. Er hilft dir, die richtigen Worte zu finden und den Ärger rauszunehmen. Ebenfalls ein Tipp von Paulus:

> *Befreit euch von Bitterkeit und Wut, von Ärger, harten Worten und übler Nachrede sowie jeder Art von Bosheit. Seid stattdessen freundlich und mitfühlend zueinander.*
>
> **Epheser 4,31-32a**

»Freundlich« und »mitfühlend« sind hier die Schlagworte. Es geht darum, Verständnis für das Verhalten des Gegenübers zu bekommen. Vielleicht kommt er ja momentan immer zu spät, weil seine Frau im Krankenhaus ist und er die Kinder zur Schule bringen muss. Weil du es nicht wissen kannst, solltest du dem anderen die

Möglichkeit geben, sich zu erklären. Danach kann man versuchen, eine Lösung zu finden. Aber erst mal muss der Grund hinter dem Verhalten gesehen werden. Im gemeinsamen Gebet habe ich schon so oft erlebt, dass wir mit Jesu Hilfe nicht nur den Grund, sondern sogar tiefer liegende Wurzeln gefunden und gezogen haben.

Prioritäten setzen, auf das Beziehungskonto einzahlen, den anderen ehren und ihm Sicherheit in Gesprächen vermitteln sind einige praktische Punkte, die Beziehungsfundamente im Vorfeld eines Konfliktes festigen zu können.

Vergiss den Heiligen Geist nicht

Egal, ob ich in eine Beziehung investiere oder Feedback geben und empfangen muss. Gottes Geist hat so viele Tipps und Ideen für uns, wie wir die »Wahrheit in Liebe« sagen können! Ich empfehle dir, ihn vor schwierigen Gesprächen immer im Gebet miteinzuladen.

WIE GEBE ICH FEEDBACK – AUF GUTE ART UND WEISE?

So ein festes Beziehungsfundament schafft die Voraussetzung dafür, dass man die Wahrheit in Liebe sagen kann. Wobei das Hauptaugenmerk im Folgenden auf dem Wort »sagen« liegt. Neudeutsch würde ich es mit »dem anderen ein Feedback geben« übersetzen.

Gutes Feedback ist sehr wichtig für funktionierende Beziehungen und in Konflikten. Auch hier kommt es vor allem auf die Art und Weise an, wie ich im Gespräch dem anderen meine (subjektive) Wahrnehmung vermittle. Zunächst schauen wir uns an, wie ich ein gutes Feedback geben sollte.

Meine (richtige) Haltung hinter dem Feedback

Ich habe oft erlebt, dass mich Leute ansprechen und sagen: »Ja, aber Tobi, Jesus sagt doch in der Bergpredigt:

> *›Wehrt euch nicht, wenn euch jemand Böses tut! Wer euch auf die rechte Wange schlägt, dem haltet auch die andere hin.‹*
>
> ***Matthäus** 5,39*

Das bedeutet doch, dass ich mir alles gefallen lassen soll, mich besser nicht wehre, nicht mal mit Worten. Sozusagen unterwürfig bin und bloß keinen Streit provoziere.«

Meine Meinung dazu ist, dass das nicht damit gemeint sein kann! Jesus hat so oft anderen Menschen klares und ehrliches Feedback gegeben. Das findet man an vielen Stellen in der Bibel (z.B. in Johannes 8,46; Markus 8,33; Lukas 11,18). Meine Interpretation dazu: Hinter diesem Vers steht, dass Jesus nicht möchte, dass wir uns an anderen rächen. Es geht erst mal auch um die innere Haltung, mit der Feedback konstruktiv wird, noch nicht nur um die Wahl der Worte.

Die Bibel zeigt uns ein konkretes Beispiel: An einer anderen Stelle wird Jesus von einem Tempelwächter geschlagen. Wie reagiert er auf den Schlag? Nicht, indem er ihm im wahrsten Sinne des Wortes »die andere Wange hinhält«, sondern er entgegnet ihm etwas:

> *Wenn ich etwas Falsches gesagt habe, dann beweise es. Darfst du einen Menschen schlagen, weil er die Wahrheit sagt?*
>
> **Johannes 18,23**

Hier gibt Jesus dem Mann ein Feedback, er spiegelt ihm sein Verhalten. Er ist nicht aggressiv, sondern er wünscht sich, dass der Gerichtsdiener über sich selber nachdenkt. Trotz der angespannten Situation zollt Jesus ihm Ehre und schlägt nicht zurück. Das bedeutet für mich: Du darfst Feedback geben, aber deine Einstellung dahinter ist entscheidend.

Wir haben auch alle unseren »Tempeldiener,« der uns unreflektiert angreift und dem wir etwas entgegensetzen wollen und dürfen. Das kann ein Mitarbeiter sein, der seinen Job nicht vernünftig macht, oder ein Freund, der dich ständig versetzt. Die Aufzählung könnte noch viel ausführlicher sein. Feedback geben bedeutet aber nicht, wie wild alles zu kritisieren, was einen am anderen stört. Bei der Liebesformel (Kapitel 1) haben wir gesehen, dass es wichtig ist, dem anderen zu dienen und »all in« für ihn zu gehen – ihn freizusetzen: Seine Potenziale zu erkennen. Zeig dem anderen auf eine liebevolle, aber auch klare Art und Weise die Punkte auf, in denen er deiner Meinung nach besser werden kann. Möglicherweise indem du einen Perspektivenwechsel einnimmst und dein Feedback anders formulierst, als du es vielleicht bisher gemacht hast.

Positiv statt Negativ

Schau dir mal folgende Aufgaben an. Was fällt dir auf?

1+7=8

5+3=8

9+3=12

4+3=8

6+4=10

Ja, genau! 4 Aufgaben sind richtig! Super, dass du das entdeckt hast! Ich kann mir aber gut vorstellen, dass du innerlich gedacht hast: »Die vierte Aufgabe ist falsch!« Dann hast du reagiert wie wahrscheinlich 95 Prozent der anderen Leser dieses Buches. Gerne neigen wir dazu, erst mal den Finger in die Wunde zu legen und zu sagen: »Frauke, du hast hier ein falsches Ergebnis, da ist wohl ein Druckfehler im Buch.« Ich persönlich kann diese Kritik aushalten.

Wenn wir uns jetzt aber vorstellen, das wären die Matheaufgaben deines Kindes gewesen, wäre es nicht motivierender zu sagen: »Super, du hast vier Aufgaben richtig gelöst! Großartig! Was du schon alles kannst. Schatz, kleiner Tipp: Schau dir doch noch mal die vierte Aufgabe an, da stimmt es glaub ich nicht.« Ich habe die Erfahrung gemacht, dass so ein positives Feedback mehr erreicht, als mit dem Finger auf den Fehler zu zeigen. Doch viele von uns haben spätestens seit der Schulzeit trainiert, sich erst mal negatives Feedback zu geben.

Es ist eine bewusste Entscheidung, ein Training, hier umzudenken und zu versuchen, aus dem negativen ein positives Feedback zu formulieren. Es gibt ein altes Sprichwort, das heißt:

Nicht geschimpft ist schon gelobt genug.

Das solltest du aber schnell wieder vergessen. Lebst du danach, dann steht dein Beziehungsleben zu anderen Menschen auf wackeligen Beinen, denn auch beim Feedback ist eine gute Beziehungsbasis das A und O.

Wenn du jemandem ein Feedback geben musst oder willst, den du nicht kennst, dann hast du natürlich keine Beziehungsbasis, auf der du aufbauen kannst. Trotzdem kannst du dein Feedback positiv starten. Irgendwie geht man immer davon aus, dass der andere weiß, was er gut kann, und man ihn gleich mit seinen Schwächen konfrontieren darf. Ist aber nicht so. Nach der Predigt kommen manchmal Leute zu mir und geben mir Feedback. Meist klingt das so: »Tobi, du hast heute einen Fehler gemacht: Du hast gesagt, dass der Vers in Johannes 18,23 steht. Stimmt aber nicht – es ist Johannes 18,25! Mir ist aufgefallen, dass dir solche Flüchtigkeitsfehler oft passieren. Sonst hat aber alles gepasst. Tschüss.«

Was macht so ein Feedback mit mir? Es macht mich unsicher. Ich fühle mich nicht wertgeschätzt und nur kritisiert. Das Feedback würde besser bei mir ankommen, wenn der Feedback-Geber mir auch ehrlich sagt, was er gut an der Predigt fand. Zum Beispiel: »Danke Tobi, dass du dich so reingehängt hast. Gerade bei den Beispielen zur Kommunikation hast du es echt gut geschafft, die wichtigen Punkte rüberzubringen. Das wird mir im Alltag helfen, ich versuche es auf jeden Fall umzusetzen. Mir ist was Kleines aufgefallen. Der Vers

war aus Johannes 18,25, nicht 23. Wollte ich dir nur mitgeben, du hast ja noch zwei Predigten heute.« So formuliert fühle ich mich nicht angegriffen, denn die Relation stimmt. Die Kleinigkeit ist jetzt eine Kleinigkeit, und ich kann sie annehmen. Wie bei der Matheaufgabe, von der Frauke geschrieben hat: Ich habe in der Predigt sozusagen vier Aufgaben richtig und eine falsch gemacht. Aber den Fehler habe ich dann gern korrigiert.

Gottes Kläranlage im Feedback

Was auf jeden Fall nicht in ein gutes Feedback gehört, sind ungefilterte Emotionen. Und hier kommt Gott wieder ins Spiel. Gib erst deine Emotionen in der Kläranlage ab (Kapitel 4) und gib dann ein sachliches Feedback.

Manipuliere nicht!

Oder anders gesagt: Mach nicht den Job des Heiligen Geistes und setz den anderen damit unter Druck. Wenn du eine subjektive Wahrheit in ein gutes Feedback verpackst und aussprichst, dann solltest du danach dem Empfänger keinen Druck machen, dass deine Ansicht die einzig wahre ist und er unbedingt deinem Rat folgen muss. Dann würdest du ihn nämlich manipulieren. Stell ihm deine Ansicht zur Verfügung, aber dann lass ihm Zeit, deine Aussage mit sich selber und Gott zu prüfen.

Prinzipiell hatte Frauke mit ihrer Kritik an meinem Süßigkeitenkonsum ja auch recht, aber es ist nicht pauschal so. Sie wusste nicht, dass ich mir zum Beispiel süße

Getränke in der Arbeit rationiere und auch wirklich aufpasse, dass ich nicht zu viele Süßigkeiten esse. Dieses Puzzleteil fehlte ihr bei ihrer subjektiven Wahrnehmung. Wir hatten beide, Gott sei Dank, genug Demut entwickelt, um einzugestehen, dass jeder von uns einen Schritt auf den anderen zugehen könnte. Ich habe Fraukes Punkt verstanden, versucht, nicht abzublocken, und meine Fehler gesehen. Bei diesem Problem habe ich es geschafft, Fraukes Feedback nicht nur als Angriff auf meine Person zu sehen, sondern das Gute aus ihrer Aussage herauszufiltern. Feedback richtig zu empfangen und für sich anzunehmen, ist nämlich nicht einfach. Aber auch in diesem Punkt bietet Gott dir seine Hilfe an.

WIE EMPFANGE ICH FEEDBACK – AUF GUTE ART UND WEISE?

Nicht nur der Feedbackgeber sollte seine Aussage durch Gottes Kläranlage schicken, auch ich als Empfänger darf meine Emotionen zu Gott bringen, wenn ich eine Kritik bekomme. Sagt jemand sachlich zu mir: »Schieb den Stuhl nicht dahin.« Könnte ich denken: »Der denkt, ich bin zu blöd dazu, den Stuhl an den richtigen Platz zu schieben.« Dann beginne ich zu interpretieren. Ich fühle mich in meinem Wesen angegriffen, denn der andere denkt in meiner Interpretation, dass ich blöd bin. Als Nächstes geht die Diskussion los, und ich verteidige mich! »Ich bin nicht blöd! Du bist kleinkariert!« Und schon sind wir wieder mittendrin im Konflikt. Ab jetzt möchte ich mit dir die Seite wechseln und ansehen, wie du mit einem Feedback umgehen kannst. Feedback annehmen ist nämlich ein wenig wie Kaugummi kauen. Du kaust solange auf der Süßigkeit herum, bis du den Geschmack (das Gute einer Aussage) herausgezogen hast, und spuckst dann den Rest (das Schlechte im Feedback) aus. Wir möchten dir zwei Tools an die Hand geben, die dir helfen können, mit konstruktiven oder weniger konstruktiven Äußerungen deiner Mitmenschen umzugehen.

Der Heilige Geist kaut mit dir Kaugummi

Wenn ich von anderen eine Einschätzung oder einen Ratschlag höre, dann gefällt mir das nicht immer. Viele Jahre belagerten mich zum Beispiel Leute, dass ich mich doch mal mit dem Thema Israel in unserer Kirche beschäftigen solle, einige versuchten mich fast wöchentlich zu »bekehren«. Mich hat das irgendwann echt genervt, ich habe dichtgemacht und wollte das Thema nicht angehen. Doch mein letztes Buch *»ROOTS – auf der Suche nach dem Ursprung des Glaubens«* dreht sich um den ersten Teil der Bibel und um Fragen zum Thema Israel. Wie kam das? Weil der Heilige Geist seinen Job gemacht hat und mir geholfen hat, das Gute aus dem Feedback herauszufiltern.

Irgendwann kam in mir das Gefühl auf, doch für diesen Punkt zu beten. Zu Gott zu gehen und ihn zu fragen, wie er das sieht. Sein Heiliger Geist hat schließlich mein Herz berührt und es für das Thema Altes Testament und sein Volk Israel begeistert. Das hat Demut gebraucht, und den Gedanken »Ich habe doch recht, das Thema ist nichts für mich« musste ich zur Seite schieben. Das hat am Ende der Heilige Geist in mir geschafft, kein Mensch. Gottes Geist hat einfach seine Arbeit getan.

> *Doch wenn der Geist der Wahrheit kommt, wird er euch in alle Wahrheit leiten.*
>
> ***Johannes 16,13a***

Er ist der Geist der Wahrheit und will mein Bestes, vertraue ich seiner Stimme, macht sie mich frei.

> *Ihr werdet die Wahrheit erkennen, und die Wahrheit wird euch frei machen.*
>
> ***Johannes 8,32***

Heute bin ich so froh, dass ich mich endlich dem Thema Israel und dem ersten Teil der Bibel zugewandt habe. Viele Fragen, die in mir schlummerten und die mich zweifeln ließen, konnte ich beantworten. Wie zum Beispiel diese: »Warum wirkt der Gott im Alten Testament so strafend, dann kommt im Neuen Testament der Gutmensch Jesus, und schwupps ist alles wieder gut? Meine Berührungsängste mit dem Alten Testament sind verflogen – ich liebe diesen Teil der Bibel heute und finde immer neue Schätze, die ich mir früher nicht mal erträumt hätte. Die Beschäftigung mit Israel, dem Judentum und dem ersten Teil der Bibel begeistert mich heute so sehr. Sie hat mir viele neue Facetten aufgezeigt, mein Gottesbild revolutioniert und die Glaubenszweifel, die mich eingeengt haben, gesprengt. Dass das passieren könnte, war mir vorher nicht bewusst.

Ratgeber holen

Manchmal stößt man aber auch an Grenzen und hört die Stimme des Heiligen Geistes nicht richtig. Dann können dir andere Menschen helfen. Ratgeber, denen man vertraut.

Eine befreundete Familie stand vor der Entscheidung, ob der Mann seinen Job wechseln sollte. Er arbeitete 800 km weit weg von seiner Familie und das Angebot, das im Raum stand, nämlich wieder einen Job in der Heimatstadt anzutreten, hätte die Fernehe beendet.

Sie bekamen von Außenstehenden zu hören: »Ihr wärt doch blöd, wenn ihr das Angebot nicht annehmen würdet!« Aber das Ehepaar hatte ein ungutes Bauchgefühl bei der Sache, der Job klang für die beiden irgendwie nicht so zukunftsversprechend. Sie kannten die Bibel und wussten, was Gott uns rät.

Prüft alles, was gesagt wird, und behaltet das Gute.
1. Thessalonicher 5,21

Sie luden den Heiligen Geist in ihre Entscheidung ein, konnten ihn aber nicht richtig verstehen und waren sich unsicher. Sie hatten den Eindruck, dass der Mann das Angebot nicht annehmen sollte, obwohl es sie doch wieder zusammengebracht hätte.

An diesem Punkt haben sie sich ausgewählte Ratgeber gesucht. Sie wandten sich an Freunde, redeten mit ihnen und baten sie, für ihre Entscheidung zu beten. Es kamen Eindrücke heraus, die sie bestätigten, dass der Mann den Job nicht annehmen sollte. Er hat ihn schließlich abgelehnt. Das war eine harte Entscheidung, aber sie war gut, denn heute hat er eine andere Arbeitsstelle, die wieder bei seiner Familie ist und die viel besser zu ihm passt als das erste Angebot.

Ich binde auch immer Freunde als Ratgeber ein, denn ich bekomme oft komisches Feedback und frage mich immer wieder: »Ist vielleicht doch etwas dran?« Dann gehe ich zu Personen, von denen ich weiß, dass sie absolut ehrlich zu mir sind, und hole mir ihre Meinung dazu ab. Das ist nicht immer angenehm, aber meiner Erfahrung nach sind auch in schlecht gemachten Feedbacks manchmal gute Inhalte »verpackt«. Deshalb lasst uns den Kaugummi nicht immer zu schnell ausspucken, sondern die Anteile, die uns weiterbringen, entdecken und rausziehen.

Realitätsupdates

Manchmal tut es wirklich weh, wenn man die Wahrheit erkennt, aber es ist trotzdem wichtig, damit man nicht gegen Wände rennt. Ich denke da zum Beispiel an meine Kindheit und Jugend. Und konkret an eine Situation, die wahrscheinlich jeder auch schon mal erlebt hat: Es gibt ein Kind, das man sehr gern hat. Man glaubt, dass sie eine sehr gute Freundin ist. Man investiert in diese Freundin, schenkt ihr vielleicht seine schönsten Sammelbilder für das Poesiealbum. Dann hat sie Geburtstag. Und lädt mich nicht ein. Das hat mich in manchen Fällen echt sehr verletzt.

Heute als Erwachsene weiß ich, dass es gut war. Es war eine Wahrheit, die ich aushalten musste. Die Freundschaft des Mädchens zu mir war nicht auf demselben Level wie meine zu ihr. Das ist hart, aber zeigt mir auch, dass ich in die falsche Person investiert habe. Mich verrannt habe. Passieren mir solche Realitätsupdates heute, ist es wichtig, sich den Enttäuschungen zu stellen und sie mit Gott, guten Freunden, Seelsorge und Gebet zu bearbeiten. Danach schaffe ich es immer öfter, meinem Gegenüber sein Verhalten nicht nachzutragen und ihm normal und weiterhin in Liebe zu

begegnen. Aber ich ziehe natürlich auch Konsequenzen aus seinem Verhalten, da ich weiß, dass vielleicht auf der anderen Seite die freundschaftlichen Gefühle für mich nicht auf dem Level sind wie bei mir. Was auch so sein darf. Denn auch hier ist wieder die Wurzel in mir: Ich habe die Realität falsch eingeschätzt und darf mich ihr mit Gottes Hilfe stellen.

DAS ZIEL DES FEEDBACKS FÜR BEIDE SEITEN

Wir haben uns bis hierhin angesehen, wie man auf der einen Seite konstruktiv seine Meinung äußern kann und wie man auf der anderen Seite offen, aber prüfend mit der Kritik umgehen sollte. Das Ziel eines jeden Feedbacks darf niemals eine reine Kritik sein. Vielmehr sollte hinter jeder urteilenden Bewertung der Wunsch stehen, den Empfänger weiterzubringen.

Ermutigen und freisetzen

Als Leiter einer großen Gemeinde mit vielen Mitarbeitern muss ich immer wieder schwierige Gespräche führen. Früher hatte ich wirklich Angst davor, anderen zu sagen, was in meinen Augen nicht gut läuft und wenn sich zum Beispiel ihr Verhalten destruktiv auf ihr Umfeld auswirkte. Das war oft nicht einfach für mich, da ich befürchtete, dass bei den anderen das Feedback erst mal negativ ankommt.

Heute denke ich nicht mehr so, meine Einstellung hat sich geändert. Ich gehe mittlerweile nicht mehr in ein Problemgespräch, sondern in ein Potenzialgespräch. Ich möchte meinem Gesprächspartner deutlich machen: »Ich meine es gut mit dir, will dich nicht angreifen. Wie schaffen wir es, uns gemeinsam weiterzuentwickeln?«

Manche Gespräche gehen dann positiv aus. Zum Beispiel musste ich mal einem guten Freund sagen, dass sein Gabenprofil nicht zu der Stelle passte, auf der er arbeitete. Das tat uns beiden weh, denn aus diesem Grund konnte er nicht mehr in unserer Kirche angestellt bleiben. Aber wir haben überlegt, was gut zu ihm passen würde, und gemeinsam eine Idee entwickelt. Heute arbeitet er in genau diesem Bereich, ist superglücklich damit, und sein neuer Arbeitgeber auch.

Manche Gespräche enden aber nicht positiv, da muss ich auch ehrlich zu dir sein. Es gehören einfach zwei Personen dazu. Mal ist der Sender, mal der Empfänger nicht online mit Gott, dessen muss man sich immer bewusst sein.

Paulus kannte solche Potenzialgespräche anscheinend auch. Er gab den Adressaten seines Briefes dazu ebenfalls einen Tipp:

Verzichtet auf schlechtes Gerede, sondern was ihr redet, soll für andere gut und aufbauend sein, damit sie im Glauben ermutigt werden.

Epheser 4,29

Wir sollen andere ermutigen: Sie nicht nur auf Dinge hinweisen, die schlecht laufen, sondern sie erinnern, was in ihnen steckt. Ihnen ihre

Fähigkeiten aufzeigen und sie aufbauen. Deshalb sollten wir am Ende eines Potenzialgespräches auf jeden Fall wieder einen positiven Rahmen schaffen.

Ich hoffe, dass wir dir die für uns wichtigsten Punkte für die Art und Weise, wie man Beziehungen festigt und gutes göttliches Feedback gibt und empfängt, zeigen konnten. Frauke und ich denken, dass diese Tipps dabei helfen, wie man anderen die »Wahrheit in Liebe« sagen kann, ohne die Beziehung zu gefährden. Meiner Meinung nach können wir alle nur davon profitieren, wenn wir versuchen, eine göttliche Kultur der Ermutigung, des Freisetzens und des positiven Feedbacks in unser Leben zu integrieren, und dazu immer wieder mit Gott kooperieren.

MUSKELN BRAUCHEN DRUCK

Meine These zum Erfolg des FC Bayern lautet: »Der FC Bayern wäre im Moment nie so gut, wenn es den BVB nicht gäbe!« (Sämtliche Beschwerdemails von Fußballexperten unter euch Lesern bitte an meine private E-Mailadresse.)

Warum ich das sage? Ich denke, dass die Roten den Druck von den Schwarzgelben brauchen, um immer wieder an sich zu arbeiten und um besser zu werden. Gäbe es keinen Verein in der Liga, der immer und ständig an ihrem Thron sägen würde, dann könnten sich die Münchener entspannt zurücklehnen. Aber sie würden auf der Stelle treten und sich nicht weiterentwickeln. Dann käme wahrscheinlich irgendwann ein Verein aus den unteren Rängen und zöge an ihnen vorbei. Andersherum ist es aber genauso. Auch der BVB braucht die

Bayern. Denn der Druck, den sie ausüben, fordert die Dortmunder heraus, stets an sich zu arbeiten. Es ist eine beidseitige Challenge, bei der sich beide Vereine weiterbringen.

Ähnlich ist das auch bei unserem göttlichen Muskeltraining in Sachen Feedback. Auch diese Muskeln brauchen Druck, damit sie stark werden können.

Geben wir ein Feedback auf eine gute göttliche Art und Weise, haben wir eine Übung im göttlichen Trainingsplan erfolgreich durchgezogen. Wir haben uns getraut, den direkten Weg zu gehen, und versucht, dem anderen die Wahrheit in Liebe zu sagen. All das ist ein Training und braucht Mut und Ausdauer. Es bringt uns weiter. Stehen wir im Feedback auf der anderen Seite, dann kommt uns jemand, wie der BVB den Bayern, zu nah. Er übt Druck auf uns aus, indem er uns sachlich seine (subjektive) Wahrheit zur Verfügung stellt. Jetzt ist es unser Part. Wir können das Gute herausfiltern und das Feedback des anderen prüfen und wann es an der Zeit ist, unser Verhalten ändern.

So wie bei der Nutella-Geschichte: Als Frauke diesen Konflikt mit Gottes Hilfe angegangen ist und mir ehrlich und liebevoll gesagt hat, warum sie sich Sorgen um Bene macht, hat sich etwas in mir verändert. Ich bin auch zu Gott gegangen und habe gemerkt, dass sie recht hat. Aber dafür musste sie mir ganz schön nah kommen, indem sie mich damit konfrontierte, dass ich möglicherweise ungesund mit Essen umgehe. Das war nicht angenehm und hat mein Ego angegriffen. Trotzdem war es gut, denn mir liegt Benes Gesundheit ja auch am Herzen und ich habe etwas geändert. Heute achte ich darauf, wie viel Nutella er sich auf sein Brot schmiert und was er isst.

Wir sind bei diesem Problem in der Tat einen großen Schritt weitergekommen.

Keine Müdigkeit: Die nächste Übung bitte!

Doch leider wird es immer wieder im Leben vorkommen, dass sich dein Gegenüber trotz gut gemeintem und formuliertem Feedback nicht ändert. Dich vielleicht weiter angreift oder dich durch seine Reaktionen verletzt, sei es durch Worte oder Taten. Aber auch hier hat Gott einen guten Plan, oder sagen wir mal eine gute Trainingseinheit, die die Muskeln stark macht. Paulus nennt sie direkt im Epheserbrief. Wenn wir uns entschließen, sie regelmäßig durchzuführen, dann kann unser Konflikt- und Beziehungsleben im Hier und Jetzt deutlich besser werden.

> *Seid stattdessen freundlich und mitfühlend zueinander und vergebt euch gegenseitig, wie auch Gott euch durch Christus vergeben hat.*
>
> **Epheser 4,32**

Wir sollen dem anderen vergeben, wenn er uns verletzt hat, egal ob durch Taten oder Worte. Das ist keine leichte Übung, aber man kann das schaffen. Wie das geht, und dass Vergebung eine sehr gute Idee ist, zeigen wir dir im nächsten Kapitel.

8.

ÜBUNG 2 – VERGEBUNG

Wenn ihr Euch aber weigert, anderen zu vergeben,
wird euer Vater euch auch nicht vergeben.

Matthäus 6,15

Wir Christen neigen oft dazu, solche Bibelverse zu verharmlosen. Wir denken dann: »Also, wörtlich hat Gott das sicher nicht gemeint. Das wäre zu krass! Das ist bestimmt ein Übersetzungsfehler.« Ich persönlich fand diese Stelle auch immer sehr herausfordernd, aber mittlerweile weiß ich, dass Gott es ganz genauso meint, wie er es hier durch Jesus sagt. Vergebung ist oft nicht leicht, aber sie wird dich heilen und frei machen. Und weil Gott dich liebt und möchte, dass dein Leben gelingt, wünscht er sich, dass du dieses biblische Prinzip lebst und erlebst.

Es gibt natürlich immens viele Dinge, die wir anderen vergeben können. Das beginnt im Kleinen, dass du vielleicht enttäuscht darüber bist, dass jemand deinen Geburtstag vergessen hat, und es geht bis ins Unermessliche. So habe ich zum Beispiel einmal eine Frau interviewt, die dem Mörder ihrer Tochter vergeben konnte. Sie hat ihn sogar im Gefängnis besucht, um ihm das zu sagen. Dass sie an diesen Punkt gekommen ist, aus tiefstem Herzen zu verzeihen, ist ein Prozess und geht natürlich nicht von heute auf morgen. Nach dem Interview hörte ich oft Kommentare wie: »Wahnsinn, wie die das geschafft hat, also ich könnte das nicht. Ich könnte so einem Menschen niemals verzeihen.«

In diesem Kapitel möchten wir dir zeigen, warum es vielen von uns oft so schwerfällt, zu vergeben. Der Hauptgrund ist unserer Meinung nach, dass wir oft ein falsches Bild mit uns herumtragen, was Vergebung bedeutet. Frauke und ich möchten dir erklären, wie Vergebung möglich ist und weshalb sie eine gute Idee von Gott für dein Leben und für funktionierende Beziehungen ist.

Ich habe in meinem Leben häufig erlebt, dass Leute hinter meinem Rücken oder auch offen schlecht über mich geredet haben. Es tut einfach richtig weh, wenn man das merkt. Als Jugendliche bin ich viel umgezogen. Hin und wieder tuschelten meine neuen Mitschüler über mich oder grenzten mich aus. Es reichte schon aus, dass ich nicht aus dem Ort kam wie sie oder nicht ihren Dialekt gesprochen habe. Das fand ich so ungerecht und gemein, und es machte mich traurig und wütend. Ich hatte ihnen doch nichts getan. Also ging ich entweder auf Angriff, zog mich zurück oder lästerte selber über sie.

Um es passend zum Kapitelinhalt zu formulieren: Ich konnte ihnen nicht vergeben, dass sie so unfair zu mir waren, und trug ihnen ihr Verhalten nach.

Auch heute urteilen Menschen hinter meinem Rücken und lästern. Das kennt und erlebt wahrscheinlich jeder von uns. In den meisten Fällen komme ich mittlerweile damit klar, weil ich am Thema Vergebung gearbeitet habe und Schritt für Schritt einen Weg gegangen bin. Mir ist dabei deutlich geworden, dass es gut ist, loszulassen und anderen zu vergeben. Einen kleinen Teil dieses Weges möchte ich dir vorstellen.

Vor allem eine Bibelstelle hat mich sehr herausgefordert:

> Denn so wie ihr jetzt andere richtet, werdet auch ihr gerichtet werden. Und mit dem Maßstab, den ihr an andere anlegt, werdet ihr selbst gemessen werden.
>
> **Matthäus 7,2; HFA**

Ich versuche die Aussagen in der Bibel ernst zu nehmen, und so kam in mir ein Gedanke auf, den ich auf meine Schulzeit übertragen will: Wenn ich anfange, meine lästernden Mitschüler zu verurteilen, und sie deshalb ablehne und mich zurückziehe oder mich sogar genauso wie sie verhalte, werden sie mich wahrscheinlich wiederum noch mehr ablehnen. Das endet ja in einem Teufelskreis. Und bringt das etwas? Eigentlich nicht, nur immer mehr Ablehnung auf allen Seiten.

VERGEBEN HEISST: VOM RICHTERSTUHL AUFSTEHEN

Auch ich habe mich mit diesem Vers beschäftigt. Eigentlich unterstreicht er ja die goldene Regel von Jesus, die ich dir schon vorgestellt habe.

Geht so mit anderen um, wie die anderen mit euch umgehen sollen.
Matthäus 7,12a

Was heißt das konkret für mich? Wenn der andere einen Fehler macht, dann schmiere ich ihm den so richtig aufs Brot? Aber wenn ich mal etwas falsch mache, dann wünsche ich mir doch, dass mir das verziehen wird, oder? Dann schreie ich nicht: »So, ich habe es verbockt, und jetzt möchte ich aber mal so richtig gerichtet werden! In diesem Punkt will ich keine Vergebung – nur Härte!« Wenn mir deutlich wurde, dass ich Mist gebaut habe, habe ich mir das noch nie gewünscht und du dir wahrscheinlich auch nicht. Doch vor allem im Punkt Vergebung denken wir gern: »Also, ich bin doch nicht blöd und gehe den ersten Schritt auf den Idioten zu. Das hat der doch gar nicht verdient!« Aber hast du es verdient, dass »der Idiot« auf dich zugeht und dir vergibt? Weil deine Sicht auf die Dinge die wirklich wahre ist und du immer im Recht bist?

Jesus denkt da anders:

Warum regst du dich über einen Splitter im Auge deines Nächsten auf, wenn du selbst einen Balken im Auge hast?
Matthäus 7,3

Was er damit sagen will: Ich trage den Balken vor meinem Gesicht, nicht mein Konfliktpartner. Im Balken interpretiere ich und schneidere mir meine subjektive Wahrheit zusammen, warum der andere so handelt, wie er es tut. Ich glaube es, aber ich weiß es ehrlich gesagt nicht wirklich. Deshalb liegt das Problem leider meistens bei mir. Ich bin emotional, interpretiere Dinge in den anderen hinein, die vielleicht gar nicht da sind, und der Balken nimmt mir die objektive Sicht. Ich kenne das noch gut aus meiner Laufbahn als Lehrer. Manche Kinder haben mich ans Limit gebracht. Ich habe oft gedacht: »Der X und der Y sind einfach heftig! Die machen nur Mist. Was geht in ihren Köpfen vor?« Doch der Vorteil des Lehrerberufes ist es, dass ich oft die Möglichkeit hatte, hinter die Kulissen meiner Schüler zu schauen. Ich habe viele sogenannte Problemkinder in den Klassen gehabt. Kinder, die gewalttätig waren, verhaltensauffällig oder sogar straffällig wurden.

Oft haben Vernachlässigungen im Elternhaus zu ihren Taten geführt. Ein Junge zog sich ständig Gewalt- und Horrorfilme rein, und niemanden kümmerte das zu Hause. Einer, der andere mobbte, stand zwischen den Fronten einer schweren Scheidung. Streit und Hass waren bei ihm zu Hause an der Tagesordnung. Wenn ich erfuhr, in welchem Umfeld diese Schüler aufwuchsen, dann bekam ich ein ganz anderes Verständnis für diese Kinder. Ich begriff, welche Einflüsse dazu beigetragen hatten, dass sie so fies zu anderen waren. Ich bin der Meinung, dass ein Mensch auch ein Produkt seiner Umstände und Prägungen ist.[37] Sie beeinflussen seine Persönlichkeitsentwicklung. Das entschuldigt natürlich sein Verhalten nicht, gibt mir aber eine andere Sicht auf die Dinge, da ich dem anderen mit Verständnis begegnen kann.

Manchmal hast du Glück und erfährst die Gründe, warum Menschen ungerecht zu dir sind, dann fällt es vielleicht leichter, ihnen zu vergeben. Aber meistens erfährst du den Grund leider nicht. Ich weiß bis heute nicht, warum diese Kinder damals über mich gelästert haben. Vielleicht war ihnen eine Abneigung gegen alles, was fremd ist, eingeimpft worden? Vielleicht, vielleicht aber auch nicht. Ich weiß es nicht, aber ich weiß, dass Gott es weiß! Denn er kennt die Umstände, die den anderen zu dem formen, was er ist und wie er handelt. Deshalb habe ich irgendwann verstanden, dass ich in solchen Fällen Gott richten lasse und nicht selber zum Richter werden darf und muss.

Weiterdenken

Es gibt einen Satz, der sich bei mir in Bezug auf Lästereien eingeprägt hat:

»Was Emma über Erna sagt, sagt mehr über Erna aus als über Emma!« Er hilft mir, Lästereien anders einzuschätzen und zu gewichten, denn es geht in erster

Linie nicht darum, was andere über dich oder andere sagen. Es geht darum, warum sie eigentlich über andere Menschen reden. Und dieses »Warum« kennt in letzter Konsequenz Gott am besten.

Ich denke, dass das eine wichtige Grundeinstellung zur Vergebung ist. Deine Gefühle dürfen noch Achterbahn fahren, aber höre auf, den anderen zu verurteilen, überlass Gott das Richteramt. Dadurch wird die Tat nicht verharmlost. Es bleibt in seinen Augen weiterhin eine Sünde, dass Menschen dich verletzen, über dich lästern oder sogar morden. Doch der Verbrecher wird ja nicht vorzeitig aus dem Gefängnis entlassen, weil die Mutter seines Opfers ihm vergeben hat. Er muss die weltliche Strafe weiterhin aushalten. Aber in der geistlichen Dimension sieht dieses Richten eben anders aus. Hier solltest du vom Richterstuhl aufstehen und Gott darauf sitzen lassen, weil er einfach der Beste für diesen Job ist. Mich entlastet der Gedanke, dass Gott sich um die Menschen und ihre Taten kümmert, die mich verletzt haben. Er kann viel besser urteilen, denn er weiß alles, kennt die Umstände, und ich kann loslassen. Mein Gegenüber muss sich dann nicht mehr vor mir verantworten, sondern vor Gott, und der ist absolut gerecht. Dieses Wissen hilft mir, andere Menschen aus meiner Anklagebank zu lassen. Dann muss ich nicht mehr grübeln und mich ärgern, dann kann ich Gedanken wie: »Der hat das doch gar nicht verdient, dass er den Job bekommt, der lästert doch nur herum« abgeben. Gott übernimmt dann den Auftrag, und ich weiß, dass der andere da in besten Händen ist, und so kann ich mich von den bitteren Gefühlen befreien.

Es liegt dann nicht mehr bei mir, sondern bei Gott und auch bei meinem Gegenüber, wie er mit dem, was er gemacht oder gesagt hat, zurechtkommt. Denn auch diesen Menschen liebt Jesus, und er bietet ihm jederzeit an, neu anzufangen und das anzunehmen, was er am Kreuz getan hat. Das ist doch eine gute Nachricht für alle Konfliktparteien.

Aber so oft kommt sie nicht an, weil meiner Meinung nach eine falsche Vorstellung in den Köpfen ist, eine falsche Vorstellung davon, was Vergeben bedeutet. Ich weiß, dass manche Menschen denken, Vergeben ist Vergessen, und können mit dem Gedanken schwer umgehen. Das müssen sie auch nicht, denn die Aussage stimmt nicht.

IRRTÜMER ÜBER VERGEBUNG

Vergeben ist vergessen

Falsch: Vergeben ist nicht vergessen. Ich weiß ja auch bis heute noch, dass meine Mitschüler schlecht über mich geredet haben. Oder auch, dass andere Menschen hinter meinem Rücken gelästert haben. Doch nachdem ich vergeben habe, konnte ich ihnen wieder gut und frei begegnen.

Gott trägt ja nicht ein Riesenradiergummi mit sich herum und löscht die Erinnerungen aus unseren Köpfen. Nach dem Motto: Der Tobi hat vergeben, jetzt mache ich mal ne Gehirnwäsche bei ihm und lösche alles, was der XY ihm angetan hat. Die Tat ist passiert. Auch die Frau, die dem Mörder ihrer Tochter vergeben konnte, hat das Geschehene nicht vergessen. Aber sie trägt die bitteren Gefühle gegen den Täter nicht mehr mit sich herum. Sie konnte sie bei Jesus eintauschen. Das ist das Prinzip der Vergebung.

Vergebung sollte fair sein!

»Tobi, es ist doch nicht in Ordnung, wenn man einem Mörder oder einem Ehebrecher vergibt. Das ist doch nicht fair«, habe ich nach

Vergebungspredigten schon oft gehört. »Stimmt!«, antworte ich den Fragestellern. »Vergeben ist nie fair! Aber du kannst froh sein, dass das so ist.« Daraufhin folgt dann oft ein verständnisloses Kopfschütteln. Doch die Erklärung dieser These ist gar nicht so schwer. Paulus schreibt dazu in unserem Trainingsplan, dem Epheserbrief:

> *Seid stattdessen freundlich und mitfühlend zueinander und vergebt euch gegenseitig, wie auch Gott euch durch Christus vergeben hat.*
>
> **Epheser 4,32**

Auf den letzten Teil kommt es mir hier an: »*Wie auch Gott euch durch Christus vergeben hat!*«

Ich für meinen Teil habe schon einiges in meinem Leben verbockt, war ungerecht, habe gelogen, gelästert und mich oft nicht gerade mustergültig verhalten. Nur weil ich Pastor bin, bin ich nicht heilig. Aber seitdem ich Jesus kenne, weiß ich, dass er mir jede Sünde mit seinem Tod am Kreuz vergeben hat. Wenn Gott nach dem »Fairness-Prinzip« vorgehen würde, dann würde er sagen: »Sorry, Tobi, so geht das nicht! Das wäre ja unfair, wenn ich jemandem wie dir vergebe – du hast zu viel Mist gebaut. Lass mich mal nachsehen: Dein Sündenfass ist seit gestern übergelaufen – Vergebung ausgeschlossen. Pech gehabt.«

Wenn du so denkst, ist der Liebeskreislauf zwischen Gott, dir und anderen wahrscheinlich verstopft (siehe Teil 1). In dem Fall vor allem zwischen dir und Gott. Denn als mir klar wurde, dass Gott mir alles vergibt, was ich zu Jesus ans Kreuz bringe, fühlte ich mich so von ihm geliebt und bekam dadurch die Kraft, auch anderen zu vergeben.

Einmal erzählte mir eine Frau, dass sie einen großen Konflikt in ihrer Familie hatte. Seit Jahren herrschte Funkstille zwischen ihr und ihrer Schwester. Sie selber war mit Jesus unterwegs und wusste, dass er sich wünscht, dass wir einander vergeben. Aber sie sagte zu mir: »Es ist so viel passiert, so viele schlimme Worte, so viel Bösartigkeiten. Meine Schwester hat mich immer gegen meine Eltern ausgespielt, erst mein Vertrauen gesucht, um dann die Dinge, die ich ihr erzählt habe, gegen mich zu verwenden. Sie hat sich oft so überheblich mir gegenüber verhalten, sie konnte und wusste alles besser. Sah besser aus, war dünner, erfolgreicher, schmierte mir das aufs Butterbrot und schmeichelte sich mit ihren ›Erfolgen‹ bei unseren Eltern ein. Ich habe mich immer so klein und minderwertig in der Familie gefühlt, und daran hatte sie auch ihren Anteil. Ich kann meiner Schwester nicht vergeben. Ich weiß, ich sollte es, aber es geht einfach nicht.« Wir redeten und beteten. Irgendwann brachten wir ans Licht, dass sie sich auch schuldig fühlte. Auch wenn sie nicht der Hauptaggressor war, so hatte auch sie eigene Anteile an dem Konflikt entdeckt und im Gegenzug, vielleicht auch, um sich zu rächen, versucht, die Schwester bei den Eltern schlecht zu machen. Das tat ihr leid und sie schämte sich, vor allem auch vor Jesus. Wir brachten ihre Verfehlungen ans Kreuz, und ihr wurde deutlich, dass Jesus ihr das vergibt, weil er uns alles vergibt, wenn wir damit zu ihm kommen. Er liebt sie trotz ihres Fehlverhaltens. Das hat ihr so viel Kraft gegeben, dass sie den Entschluss fassen konnte, ihrer Schwester auch zu vergeben. Die Beziehung der beiden ist bis heute zwar noch nicht wiederhergestellt, trotzdem hat Vergebung stattgefunden. Das ist möglich, denn:

Vergeben ist nicht zwangsläufig Versöhnen

Auch das ist ein Missverständnis, das so oft in unseren Köpfen festsitzt. Vergebung ist nicht zwangsläufig Versöhnung.

Wir glauben, dass nach der Vergebung alles Friede, Freude, Eierkuchen sein muss. Natürlich ist es erstrebenswert, dass jede Art von menschlicher Beziehung nach einer Krise Bestand hat und weitergeführt wird. Doch manchmal geht das eben nicht.

Ich mag Holland und vor allem Amsterdam. In dieser Stadt werde ich nämlich an vielen Ecken daran erinnert, warum ich anderen vergeben sollte. Überall kann ich sie nämlich beobachten, meine Vorbilder, die mir zeigen, wie Vergebung und bestenfalls Versöhnung funktioniert: die holländischen Hängebrücken.[38]

Diese Brücke stellt für mich eine Zweierbeziehung dar. Sie besteht aus zwei voneinander unabhängigen Fahrbahnen. Sind beide Arme heruntergefahren, ist die Verbindung hergestellt und der Austausch möglich. Der Verkehr, auf die Beziehung übertragen ist das die Liebe, kann ungehindert fließen, und die Beziehung funktioniert. Jetzt kommt ein Konflikt oder eine Verletzung in die Beziehung. Die hängt am Gegengewicht der Arme und wird immer schwerer, so schwer, dass schließlich die Fahrbahnen unter der Last nach oben gezogen werden. Im übertragenen Sinne heißt das: Beide Seiten der Beziehung sind verletzt und stoppen die Verbindung.

Im Idealfall sollten jetzt beide Konfliktbeteiligten die Schritte der Vergebung gehen, die Verletzung abgeben und loslassen, damit das Gegengewicht wieder kleiner wird und sie den Arm herunterklappen können. Das muss jedoch jeder für sich machen. Aber manchmal passiert es nur einseitig. Nur einer geht den Weg der Vergebung, der andere nicht.

Doch auch dann kann kein Auto mehr über die Fahrbahn fahren, weil keine Verbindung hergestellt ist. Nur wenn beide Seiten ihre Straßenstücke herunterklappen und vergeben haben, dann ist eine beidseitige Versöhnung möglich. Manchmal passiert das schnell, manchmal dauert es, und manchmal tritt es leider nie ein.

Wenn du deine Seite der Brücke herunterlassen kannst, weil du dem anderen vergeben konntest, dann bist du aber versöhnt. Und zwar einseitig. Die Last, mit der dein Brückenpfeiler kämpfen muss, ist weg. Ich glaube, dass Unvergebenheit viel mehr Kraft kostet, als zu vergeben.

Wenn dein Partner dir signalisiert, dass er jetzt seinen Brückenpfeiler hochziehen muss, dann halt ihn nicht auf. Gib ihm den Freiraum, dass er sich zurückziehen kann und hinter seinem Straßenstück alleine und für sich (hoffentlich) die Schritte der Vergebung praktiziert. Es ist auch kontraproduktiv, wenn du dich dabei immer wieder an sein Straßenstück hängst, um es herunterzuziehen. Ihn also ständig ansprichst, was denn jetzt sei, was er gerade denkt, und neue Argumente in den Konflikt bringst. Das verstärkt meistens nur die Last des anderen. Hab in solchen Momenten Geduld und vertraue auf Gott, der euch beiden die göttliche Kläranlage zur Verfügung stellt.

Sei gut zu dir

Ich kenne es auch, dass ich meine Seite nicht herunterklappen will, noch nicht so weit bin, dass ich vergeben kann. Ich habe dann solche inneren Kämpfe mit mir selber, dass ich merke, dass mein Liebesfluss bei der Selbstliebe immer schlechter fließt. Ein Bild von Frauke hat mir da geholfen, in solchen Momenten umzudenken.

Wenn ich jemandem nicht vergeben kann, dann bin ich nachtragend. Ich komme mit dem Menschen, der mich verletzt hat, nicht zurecht. Ich mag ihm nicht begegnen und fühle mich in seiner Gegenwart unwohl. Das kann sehr belastend sein. Wenn man sich das Wort »nachtragend« genauer ansieht, dann fällt einem auf, dass es bedeutet, dass man jemandem eine Last nachträgt. Das bedeutet für mich: Die Last und der Schmerz liegt auf mir und dabei denke ich, ich würde den anderen mit dem Nachtragen strafen. Doch der weiß vielleicht gar nichts davon. »Wie blöd bin ich eigentlich?«, habe ich mich gefragt, als mir das deutlich wurde. »Da trage ich einen Rucksack mit mir herum und quäle in erster Linie mich selbst damit. Ich habe doch die Möglichkeit, meinen Rucksack bei Jesus abzulegen.« Er bietet uns allen ganz deutlich an, dass er unsere Lasten an unserer Stelle tragen möchte.

> *Dann sagte Jesus: »Kommt alle her zu mir, die ihr müde seid und schwere Lasten tragt, ich will euch Ruhe schenken.«*
>
> ***Matthäus 11,28***

Das hat mich wirklich überzeugt. Ich habe es ausprobiert und erlebt, wie innere Ruhe, Frieden und Entlastung in mein Herz einkehrten.

WAS SAGT DIE BIBEL?

Lässt du den anderen nicht los, weil du ihm nicht vergibst, dann wohnt er sozusagen noch in deinem Kopf, zahlt aber keine Miete für diese Unterkunft. Das ist vor allem für dich nicht angenehm, also solltest du für klare Verhältnisse sorgen und im übertragenen Sinne deine Kopfwohnung räumen. Vergebung macht nämlich in erster Linie dich frei von schlechten Gefühlen und Bitterkeit. Ja, das behaupten die Teichens, aber die Bibel verspricht es sogar. Es gibt eine Geschichte in ihr, die ich dir in dem Kontext kurz vorstellen möchte:

Im Gleichnis vom unbarmherzigen Schuldner (Matthäus 18,21–34) erlässt der König (Gott) seinem Diener (uns Menschen) alle Schulden (unsere Verfehlungen) – einen Millionenbetrag.

Eine absolut barmherzige Geste des Königs. Und was macht der Diener? Kurz darauf trifft er einen Mann, der ihm Geld schuldet, nur einen kleinen Betrag. Obwohl der Gläubiger eben selber so viel Gnade von seinem König erfahren hat, ist er hier knallhart und fordert alles ein, was der andere Mann ihm schuldet. Mitleid, Liebe, Barmherzigkeit – fehl am Platz. Am Ende wirft er den Schuldner sogar ins Gefängnis. Als der König von dieser Tat erfährt, ist er entsetzt und lässt den Mann, dem er eben noch den riesigen Schuldenberg erlassen hat, verhaften.

Zornig übergab der Herr ihn den Folterknechten.

Matthäus 18,34a; HFA

Wenn wir also anderen nicht vergeben können, dann müssen wir mit unseren »Folterknechten« wie Bitterkeit, Hass, Angst und Traurigkeit leben.

Nicht zu vergeben ist, wie wenn man das Gift der Bitterkeit, des Hasses und der Traurigkeit selber trinkt, aber dabei hofft, dass der andere stirbt …

Eine Freundin von mir hatte einen Konflikt mit einer anderen Mutter aus der Klasse ihres Kindes. Sie wollte nicht auf die andere Frau zugehen und den Konflikt lösen. Was tat sie? Sie zog sich immer mehr zurück. Es wurde am Ende so schlimm, dass sie sich nicht mehr auf die Elternabende in der Klasse traute, weil die andere Mutter auch da war. Andererseits musste sie aber dort hingehen, es ging ja um ihr Kind und nicht um den Konflikt. Vor einem Elternabend machte sie sich (tagelang!) Gedanken. Sorgen überrollten sie, wie wohl das Aufeinandertreffen sein würde. Sie überlegte sogar, gar nicht hinzugehen und sich mit einer Ausrede zu entschuldigen.

Nach langem Ringen (mit Jesus und mit Freunden, die sie ins Boot geholt hat) ist sie zu dem Elternabend gegangen. »Wie ging das auf einmal?«, wollte ich von ihr wissen. »Ich habe mich entschieden, der anderen Mutter zu vergeben«, erzählte sie mir, »und jetzt vertraue ich auf Jesus, dass er es zum Guten wendet.« Es kostete sie trotzdem Überwindung, zu dem Elternabend zu gehen und dort freundlich auf die andere Mutter zuzugehen. Sie redeten miteinander und konnten normal miteinander umgehen. »Danach waren ‚die Folterknechte' verschwunden«, hat sie mir berichtet, und ihre Sorgen waren wie weggeblasen. Im Gegenteil, sie war erleichtert und befreit, dass sie der anderen Frau jetzt wieder mit Freundlichkeit begegnen konnte.

Jesus gibt das Versprechen

Vergebung ist trotzdem für viele auf den ersten Blick ziemlich unsexy. Vor allem dann, wenn man solche Verse dazu liest, wie der, den ich dir schon genannt habe:

Wenn ihr euch aber weigert, anderen zu vergeben,
wird euer Vater euch auch nicht vergeben.

Matthäus 6,15

Falsch interpretiert erscheint dieses göttliche Prinzip nicht nur unsexy, sondern setzt einen auch ganz schön unter Druck. Doch das Angebot von Jesus am Kreuz hilft mir nur, wenn ich es annehme und anwende, sonst muss ich die Konsequenzen meiner Entscheidungen und Verfehlungen selber tragen. Gott hält zwar das Dauerangebot der Vergebung und Veränderung stets für dich parat, doch er kann es dir nicht geben, solange du dich weigerst, anderen zu vergeben oder Vergebung anzunehmen. Dann schaut er nur zu und wird nichts tun. Er hat dir nun einmal die freie Entscheidung gegeben. Aber wenn du das Prinzip der Vergebung in deinem Leben lebst, dann feiert Gott und wird dir auch vergeben. Ich hoffe, dass wir dir zeigen konnten, dass Unvergebenheit nicht Gottes Plan ist, er liebt dich und er will nur das Beste für dich.

Wenn du hinter die Kulissen blickst und siehst, warum Jesus dieses Tool so wichtig ist, dann wird Vergebung auf einmal zum attraktiven Superstar. Sie ist dazu da, dich zu heilen.

> *Wenn ihr denen vergebt, die euch Böses angetan haben, wird euer himmlischer Vater euch auch vergeben.*
>
> **Matthäus 6,14**

Das verspricht uns Jesus im Kontext der Bibelstelle vom unbarmherzigen Schuldner. Wenn du anderen vergibst, dann musst du »deine Folterknechte« der bitteren Gefühle in deinem Hier und Jetzt nicht mehr ertragen. Gott ruft sie zurück! Was für eine großartige Zusage. Und es wäre eine schlechte Nachricht, wenn du davon abhängig wärst, dass du nur frei wirst, wenn der andere dir vergibt. Deshalb heißt das Evangelium nicht umsonst »die gute Nachricht« – dieser Name bezieht sich auch auf das Thema Vergebung.

PRAKTISCHE VERGEBUNGSSCHRITTE

Mach das Licht an

Vielleicht konntest du dein Bild zum Thema Vergeben klarer stellen und hast mit ein paar Vorurteilen aufgeräumt. Allerdings ist das, was in der Theorie oft einfach klingt, für viele in der Praxis schwer. Dass Gott dir vergeben hat und dir alles vergibt, was du ihm bringst, ist eine Realität. Aber du glaubst es eventuell nicht. Ähnlich wie ein Kind, das nicht schlafen kann, weil im Kleiderschrank ein Gorillamonster sitzt. Da sitzt zwar höchstwahrscheinlich gar keines, aber das Kind glaubt es.

Das Kind hat, genau wie du, nun die Möglichkeit, Schritte zu gehen, damit dieser Irrglaube aufgedeckt wird: Es muss das Licht anmachen und sieht dadurch, dass der Schrank leer ist. Für dich als Christ ist Jesus das Licht, er gibt dir Gewissheit, dass dir vergeben ist, und er hilft dir, anderen zu vergeben. Ich kann dir aus eigener Erfahrung nur sagen: Damit das auch in deinem Herzen ankommt, brauchst du eine Begegnung mit Jesus.

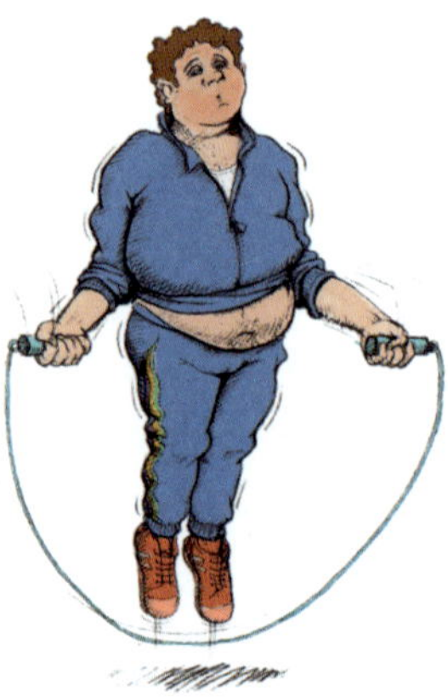

Am einfachsten kannst du Jesus im Gebet begegnen. Wenn du nicht weißt, was du genau beim Thema Vergebung beten sollst, hier ein Vorschlag, wie du dein Gebet aufbauen kannst.

1. Schütte dein Herz vor Gott aus!

> *Vertraue allezeit auf ihn, mein Volk. Schütte dein Herz vor ihm aus, denn Gott ist unsere Zuflucht.*
>
> **Psalm 62,9**

Vertraue Jesus alles an, was dich belastet. Was der andere dir angetan hat. Wirklich alles! Auch die Anklagen. Das ist ok! Sogar in der Bibel stehen solche Gebete. In den Psalmen pfeffert der Verfasser krasse Vorwürfe gegen Gott und seine Mitmenschen raus. Du darfst ehrlich vor Gott sein! Er weiß doch sowieso alles und deine negativen Gefühle sind für ihn keine Überraschung. Wichtig ist, dass du alles auf den Tisch bringst, was dich bewegt, egal ob gerechtfertigt oder nicht, nur so kannst du frei werden. (Da ich ein praktischer Typ bin, schreibe ich mir das gerne in einem Brief an die

Konfliktpartei von der Seele, sozusagen mein persönlicher Rachepsalm, den verbrenne ich dann später.)

2. Gestehe dir Fehler ein!

Hochmut endet in Erniedrigung, aber Demut bringt Ehre.

Sprüche 29,23

Vielleicht weißt du auch auf Anhieb, was du in einem Streit falsch gemacht hast? Oder der Heilige Geist schenkt dir in deinem Gebet eine Einsicht. Das ist unangenehm, aber sicher hast du auch irgendeinen Fehler in dem Konflikt gemacht. Um sich das einzugestehen, braucht es aber Demut. Wenn du diese Verfehlungen ans Licht gebracht hast, dann bring sie Jesus ans Kreuz. Er wird sie dir vergeben.

3. Triff eine Entscheidung, die heilt und dich tröstet

Gepriesen sei Gott, der Vater von Jesus Christus, unserem Herrn. Er ist der Ursprung aller Barmherzigkeit und der Gott, der uns tröstet.

2 Korinther 1,3

Ist alles raus, dann kannst du dem anderen Schritt für Schritt jede Verfehlung vergeben und sie an Gott abgeben. Du übergibst ihn im Gebet an Gott, der das Richten übernimmt. Dadurch beginnt dein innerlicher Heilungsprozess. Du lässt den anderen los und gibst die bitteren Gefühle ab.

Du kannst dieses Gebet allein sprechen oder zusammen mit anderen. In unserer Kirche gibt es einen Workshop, das Get-Free, in dem wir gemeinsam solche Dinge zu Gott bringen. Ich kann dir das nur empfehlen, denn vielleicht bist du gerade so festgefahren in deinem Schmerz, dass jemand anderes dir Impulse geben kann, wie du eine neue Sicht auf dein Problem bekommst.

Mir sind da schon abgefahrene Dinge passiert. Ich hatte mal ein großes Problem mit einem Mann, dem ich schwer verzeihen konnte. Ich glaubte, dass ich alles getan hatte, damit wir uns wieder begegnen konnten. Habe viel gebetet und das Gespräch gesucht. Doch ich konnte ihn nicht loslassen, die Emotionen kamen immer wieder hoch. An einem Abend in meiner Smallgroup hatte einer meiner Jungs einen prophetischen Gedanken. Er beschrieb mir den Mann exakt und sagte: »Ich glaube, dass Gott dir sagen möchte, dass du ihn gehen lassen darfst!« Ich war perplex, denn er hatte genau die Person beschrieben, mit der ich diesen Konflikt hatte. Der Freund aus der Smallgroup kannte ihn gar nicht und wusste auch nichts von unseren Problemen. Dadurch, dass Jesus direkt eingegriffen hat, konnte ich den Mann schließlich loslassen.

Eine Entscheidung!

Es muss aber nicht immer so ein WOW-Effekt durch einen prophetischen Eindruck sein, damit du eine Begegnung mit Jesus hast. Es kann auch nur die bewusste Hinwendung zu ihm sein. Für mich ist Vergebung ein geistliches Prinzip. Ich weiß, dass Jesus mir helfen möchte, zu vergeben, und dass das nur zu meinem Besten dient. Deshalb gehe ich zu ihm, bete und lese Bibel. Ich hole ihn in

mein Leben, weil ich mich damals entschieden habe, Jesus nachzufolgen. Dass ich ihn suche, wenn ich anderen vergeben will, ist meine ganz bewusste Entscheidung. Die muss ich alleine treffen, und die nimmt Jesus mir nicht ab. Er hilft mir aber, wenn ich ihn einlade, mit mir meine Probleme zu lösen. Mit seiner Hilfe komme ich meistens an den Punkt, an dem ich meinen Arm der Hängebrücke herunterlassen kann und zumindest von meiner Seite aus versöhnungsbereit bin.

Wenn es nicht mehr geht

Es gibt Beziehungen in deinem Leben, die einfach nicht mehr weitergehen. Egal, ob du oder der andere oder auch ihr beide einander vergeben habt. Grundsätzlich bin ich der Meinung, dass Gott ein Gott der Beziehungsfähigkeit ist und jeder Beziehung Wiederherstellung schenken möchte. Vorausgesetzt, dass beide Seiten es wollen. Doch auch bei Beziehungen gilt:

An ihren Früchten werdet ihr sie erkennen.

Matthäus 7,16a; ELB

Das bedeutet für mich: Wenn eine Beziehung in dir destruktive Verhaltensweisen hervorruft, solltest du sie prüfen, nachdem du dem anderen vergeben hast und deine Last loslassen konntest. Vielleicht unterdrückt dich der Freund weiterhin, und du fühlst dich klein und minderwertig neben ihm? Oder deine Freunde stiften dich immer zu Sachen an, die du eigentlich gar nicht tun willst. Und sollte dich dein Partner schlagen und nichts an seinem Verhalten ändern, ist es sicherlich auch nicht damit getan, immer wieder zu vergeben und nichts an der Situation zu ändern. Du solltest die Früchte der Beziehung prüfen. Mir ist aber wirklich wichtig, dass du das nicht alleine machst, sondern dir Freunde oder professionelle Helfer mit ins Boot nimmst. Menschen, die dir nicht nach dem Mund reden, sondern ehrlich zu dir sind. Das tut manchmal weh, ist aber der beste Realitätscheck. Zudem gilt: Es gibt keine religiösen Regeln, keine Standards dafür, welche Beziehungen du beenden darfst oder nicht. Es ist immer ein individuelles Ringen um jede Freundschaft, Partnerschaft, Ehe und Gemeinde. Aber wenn du mit Jesus unterwegs bist, dann kannst und solltest du das mit ihm und seinem Heiligen Geist und mithilfe anderer immer wieder individuell durchsprechen und prüfen.

VERGEBUNG ALS LIFESTYLE

»Komm, Bene! Versuch es noch mal! Du schaffst das! Noch ein paarmal – dann kannst du es!« So hat sich das damals bei mir angehört, wenn ich meinen Sohn beim Laufenlernen angefeuert habe. Ähnlich, wie man als Kleinkind nicht einfach aufsteht und loslaufen kann, kann man auch als Mensch nicht von jetzt auf gleich alles vergeben. Man muss das üben und trainieren.

Ich möchte noch mal auf das Interview zurückkommen, das ich mit der Mutter der ermordeten Tochter geführt habe. Sie lernte Jesus erst nach der Tat kennen, ließ sich taufen, und danach, sagte sie, habe er »Zeichen und Wunder« in ihr Leben gebracht. Sie wollte ihn immer besser kennenlernen und las viel in der Bibel, auch speziell zum Thema Vergebung.

Sie sagte zu mir: »Ich habe es geschafft, vielen Menschen zu vergeben, die mich im Laufe meines Lebens verletzt haben. Und es ging mir gut danach. Es war, als wenn Lasten von mir abgefallen wären und noch mehr Heilung geschehen ist. Doch dann wurde ich sehr herausgefordert, als eine gläubige Freundin mich fragte, ob ich dem Mörder meiner Tochter vergeben kann. Ich habe nachgedacht und ihr gesagt, dass ich das nicht könnte! Sie erinnerte mich dann daran, wie sehr Jesus mich liebt und was er alles Gutes für mich getan hat, seit ich mich für ihn entschieden habe, und fragte mich, ob ich möchte, dass etwas zwischen mir und Jesus steht. Sie schlug mir vor, aus Gehorsam zu Jesus dem Mörder meiner Tochter zu vergeben. Weil mir Jesus so wichtig war und ich nah bei ihm sein möchte, machte ich das, ich vergab dem Mann im Gebet, sprach es aus, aber es kam nicht von meinem Herzen.«[39]

Ich fragte sie danach, ob und wenn ja, wie die Vergebung denn in ihrem Herzen angekommen ist. Sie berichtete mir weiter, dass sie einen Prozess der Heilung durchlaufen ist, der über viele, viele Jahre andauerte, der immer wieder Schmerzen und Erinnerungen hervorgebrachte, die sie unaufhörlich zu Jesus brachte und die er wieder heilte. Sie erzählte mir dazu auch: »Jesus hat mich in all den Jahren immer wieder durch die Bibel erinnert, wie wichtig es ist, dass wir anderen von ganzem Herzen vergeben. Nach einer Predigt, die das Thema Vergebung zum Inhalt hatte, war ich dann so vorbereitet, dass ich zu Jesus sagen konnte: ›Heute bin ich bereit, dem Mörder meiner Tochter von Herzen vergeben zu können.‹ In dem Moment war es für mich so, als ob eine Riesenlast von mir abgefallen ist.«

Sie hat daraufhin Kraft bekommen, den Mörder zu besuchen und ihm ihre Vergebung auszusprechen, und sie wusste auch genau, warum sie auf einmal so stark war: »Ich konnte ihm begegnen, weil Jesus in meinem Leben vollständige Heilung und Versöhnung bewirkt hat.«

Diese Frau ist wirklich ein großes Vorbild in Sachen Vergebung. Glücklicherweise haben die meisten von uns so eine große Tragödie nicht erlebt. Doch auch im Kleinen ist Vergebung ein Weg, der gegangen werden will und Zeit braucht.

> *Dann kam Petrus zu ihm und fragte: »Herr, wie oft soll ich jemandem vergeben, der mir ein Unrecht tut? Sieben Mal?« – »Nein!«, antwortete Jesus, »siebzig mal sieben Mal!«*
>
> ***Matthäus 18, 21-22***

Das bedeutet: Immer, wenn der Schmerz und die Anklage zurückkommen, kannst und solltest du sie wieder im Gebet gegen Heilung eintauschen. Das kann manchmal ein langer Prozess sein. Doch versuche, immer wieder zu deinem Entschluss zu stehen, dem anderen zu vergeben. Irgendwann wird es in deinem Herz ankommen: Vergeben ist Vergeben.

> ***Am Ende dieses Kapitels möchte ich noch mal kurz und knapp zusammenfassen, was das Ziel der Vergebung ist:***
>
> ***Du verzichtest darauf, dem anderen Dinge nachzutragen, dadurch entlastest du dich selbst. Du verzichtest darauf, den anderen leiden zu sehen. Du verzichtest auf Rache. Vergebung bedeutet, den anderen wieder als Mensch zu sehen und nicht nur seine böse Tat.***
>
> ***Der Lohn der Vergebung ist, dass du frei bist und aus dem Gefängnis deiner Gefühle, wie Wut, Angst und Hass (erinnerst du dich an die Folterknechte?) ausbrechen kannst.***
>
> ***Und im besten Fall führt Vergebung dazu, dass man sich wieder begegnen kann und die Beziehung wiederhergestellt wird.«***

Um noch mal auf den Klassiker »Lästereien« zurückzukommen: Mir fällt es heute in der Regel leichter, den »Lästermäulern« schnell zu vergeben. Manchmal reicht dazu schon, dass ich aktiv die Verletzungen an Jesus abgebe. Aber bei anderen Punkten muss ich einen längeren Weg der Vergebung gehen, und der dauert eben. Deshalb kann ich dich nur ermutigen: Bleib dran, hab Geduld, und wenn die Schmerzen zurückkommen, such Jesus und gib sie ihm immer wieder ab. Er wird dir helfen, dass du am Ende des Weges deinem Gegenüber aus voller Überzeugung vergeben kannst.

9.

ÜBUNG 3 –
DIE KOMMUNIKATION

Kommunikationsfallen

»Lass uns reden!«

Das ist ein Satz, den ich liebe, denn wenn man in einem Konflikt gesprächsbereit ist, ist schon mal ein großer Schritt getan. Aber diese Aussage ist auch der Startschuss für die nächste Etappe: Es geht um die richtige Art und Weise der Kommunikation. Und das ist eine kraftaufreibende Übung. Denn redet man über ein Problem, prallen in der Regel zwei Meinungen aufeinander. Man hört zu und glaubt seinen Partner zu verstehen. Um aber auf die Frage »Hast du mich (wirklich, also wirklich so, wie ich es meine) verstanden?« mit »Ja« antworten zu können, muss man ein ganz schönes Training absolvieren. Das werden wir dir in diesem Kapitel zeigen.

Deine vier Ohren

Fangen wir also an und wärmen uns auf. Zuerst wackele mal mit deinen vier Ohren! Du hast keine vier Ohren?[40] Doch, hast du! Damit keine Verwirrung aufkommt, stelle ich sie dir gleich mal vor. Denn auf diesen vier Ohren kannst du eine Aussage deines Gegenübers hören. Ich erkläre sie dir am besten an einem Beispiel aus meinem Leben:

Sonntags kommen immer wieder mal Leute zu mir an die Bühne, um mir ein Feedback zu meiner Kleidung zu geben. Du musst wissen, dass ich meist einfach das anziehe, was mir gerade am besten gefällt, und da Shopping nicht gerade mein Hobby ist, ist die Auswahl nicht besonders groß. Mir ist das egal, aber anderen scheint mein Look wichtig zu sein. An einem Sonntag trug ich eine neue Lederjacke auf der Bühne. Nach der Predigt kam ein Mann zu mir und fragte mich:

»Wer war denn für dich einkaufen?«

Sechs Worte – Eine kurze Frage.

Hier sind die vier häufigsten Möglichkeiten, wie diese Worte bei mir ankommen könnten:

»Sag mal! Wer war denn für dich einkaufen?«

Schon interpretiere ich: »Das muss aber jemand mit unterirdischem Geschmack gewesen sein! Nächstes Mal schickst du besser einen anderen los!« Wenn ich die Aussage so in meinem Hirn höre, dann ist sie durch das Apell-Ohr in meinem Kopf gekommen. Dieses Ohr fühlt sich gerne vom Gegenüber angegriffen und kritisiert.

Oder ich höre auf dem Beziehungs-Ohr Folgendes:

»Sag mal, wer war denn für dich einkaufen? Warum hast du mich denn nicht gefragt? Magst du mich nicht mehr? Ich dachte, wir sind gute Freunde!«

Eigentlich geht's diesem Mann nur um die Qualität unserer Freundschaft, gar nicht um die Lederjacke.

Möglich ist auch, dass der Satz über folgendes Ohr in mein Gehirn rutscht:

»Sag mal, wer war denn für dich einkaufen?« Interpretation: »Deine Frau? Ein Freund? Oder warst du es ganz allein?«

Das ist das Sach-Ohr. Ganz sachlich werden die Fakten festgestellt.

Und dann gibt es noch das Selbstoffenbarungs-Ohr, bei dem es eigentlich gar nicht um mich, sondern um den Sprechenden geht:

»Sag mal, wer war denn für dich einkaufen? So eine Lederjacke wollte ich auch schon immer haben. Aber ich bin immer so unsicher, wenn ich einkaufen gehe. Ich stehe in den Geschäften und weiß gar nicht, was mir stehen könnte. Ich hätte so gern jemand, der mir die Entscheidung abnimmt! Kann derjenige, der dir geholfen hat, mir vielleicht auch helfen?«

Vier Interpretationsmöglichkeiten, aber welche stimmt denn nun? Was hat der Mann gemeint, als er mich auf die Jacke angesprochen hat?

Was denkst du? Ich denke, dass er mein Apell-Ohr ansprechen wollte! Du auch? Ist wirklich unverschämt von dem Typen, so mit mir zu reden! Mir und meiner Shoppingbegleitung einfach schlechten Geschmack zu unterstellen! Wir Menschen neigen gern dazu, alles erst mal auf diesem Ohr zu hören oder zu interpretieren.

Geh vom Guten aus

Kennst du das? Du kommst in einen Raum, und die Menschen hören auf zu reden. Was denkst du? »Die haben grad über mich gesprochen, jetzt bin ich reingekommen und deshalb haben sie aufgehört, sich zu unterhalten.« Könnte es nicht sein, dass sie nur höflich sein wollen und sich jetzt dir zuwenden möchten oder vielleicht sogar über eine Überraschung für dich gesprochen haben? Du weißt es nicht. Tendenziell neigen wir leider dazu, Taten und Aussagen erst mal negativ zu bewerten. Vielleicht sollten wir da umdenken und probieren erst mal vom Guten auszugehen?

Deine Blackbox

»Wer war denn für dich einkaufen?«

Ich habe den Satz gehört, und ich weiß oder besser, ich glaube zu wissen, wie der andere ihn gemeint hat und auf welchem Ohr ich ihn gehört habe! Ist doch logisch – oder? Eben nicht, denn bevor so ein Satz durch eines der Ohren in mein Hirn fällt, muss er noch durch meine »Blackbox«.

Jesus nennt diese Blackbox den Balken vor unserem Gesicht. (Matthäus 7,3 und Kapitel 8) In dieser Blackbox interpretieren wir. Wir vermischen dort vieles miteinander. Wurde ich als Kind wegen meiner Klamotten gehänselt, dann fühle ich mich wahrscheinlich durch diesen Satz sofort angegriffen. Liebe ich die Person, die mir die Sachen gekauft hat, und weiß, dass sie einen Bombengeschmack hat, dann freue ich mich, dass sie so ein Lob für ihren Einkauf bekommt. Ich deute also den Satz in meiner Blackbox, so wie ich ihn für richtig halte.

DIE INTERPRETATIONSFALLE

Das ist eine Kommunikationsfalle, die wirklich skurril werden kann. Paul Watzlawick bringt es mit folgender Geschichte sehr gut auf den Punkt:

Ein Mann will ein Bild aufhängen. Den Nagel hat er, aber keinen Hammer. Sein Nachbar hätte einen, also beschließt unser Mann, hinüberzugehen und ihn freundlich zu bitten, ob er den Hammer ausleihen kann. Doch bevor er losgeht, kommen ihm Zweifel: »Was, wenn der Nachbar mir den Hammer gar nicht leihen will? Gestern schon hat er mich nur so flüchtig gegrüßt. Vielleicht war er in Eile? Vielleicht hat er die Eile aber nur vorgeschützt, und in Wirklichkeit hat er was gegen mich. Was hat er bloß gegen mich? Keine Ahnung, ich habe ihm nichts getan; der bildet sich da etwas ein. Wenn jemand von mir ein Werkzeug borgen wollte, ich gäbe es ihm sofort. Und warum macht er es nicht? Wie kann man einem Mitmenschen einen so einfachen Gefallen abschlagen? Leute wie dieser Kerl vergiften einem das Leben. Und dann bildet er sich noch ein, ich sei auf ihn angewiesen, bloß weil er einen Hammer hat. Jetzt reicht's mir wirklich!« – Und so stürmt er hinüber, läutet, der Nachbar öffnet, doch bevor er »Guten Tag« sagen kann, schreit ihn unser Mann an: »Behalten Sie Ihren Hammer!«[41]

Das ist ein übertriebenes Beispiel, aber es zeigt: Wir interpretieren Dinge in die Taten und Worte anderer hinein, die sie gar nicht gemacht oder gesagt haben. Daraus folgen Verletzungen bei mir selber, die in der Realität gar keine Berechtigung haben – die sogenannte Interpretationsfalle.[42] Sie schnappt zu, wenn die Aussagen oder das Verhalten meines Gegenübers durch das jeweilige Ohr in meine Blackbox gelangen und sich dort mit meinen Emotionen vermischen. Schnell bin ich dann in meinen Gefühlen gefangen, obwohl es reine Spekulation ist, wie es der andere gemeint hat. Wenn mich mein Gegenüber dann fragt: »Hast du mich verstanden?«, und ich mit »Ja« antworte, ist das ganz einfach

Schwachsinn! Eigentlich müsste ich sagen: »Ich habe mir eine Interpretation von deinen Worten in meinem Kopf aufgebaut, und die gefällt mir grad sehr gut.«

Man kann auch bei seiner Gottesbeziehung in die Interpretationsfalle tappen.

Als Frauke und ich unsere ungeborenen Zwillinge verloren haben, hatte ich einen starken Konflikt mit Gott. »Warum machst du das, Gott?«, ging mir dauernd durch den Kopf. Tief in mir drin wusste ich, dass ich Gott daran keine Schuld geben kann, das war meine Interpretation der Geschehnisse. Doch mein Gottesbild hatte sich in eine falsche Richtung geschoben. Ich musste es wieder geraderücken. Mit einem einzigen Gebet war das aber nicht getan, der Schmerz und die Anklage kamen immer wieder zurück. Deshalb habe ich versucht, daraus einen Lifestyle zu machen: Ich bin jedes Mal, wenn sich mir die Möglichkeit bot, zum Abendmahl gegangen. Habe mich daran erinnert, was Jesus für mich getan hat. Was für Schmerzen er für mich ausgehalten hat. Irgendwann war ich mit der Situation versöhnt und konnte mein Gottesbild wieder klarstellen.

Verlassen wir kurz die göttliche Ebene und wenden uns der menschlichen zu:

Wie kann ich also das Dilemma lösen und verstehen, was mein Gegenüber gemeint hat? Eben nicht in die Interpretationsfalle geraten. Nur eine Person kann entscheiden, ob ich den anderen verstanden habe, und das ist der Sender selber! Nur er kann dir helfen, deine Blackbox mit der Realität abzugleichen. Dazu gibt es wichtige Hilfsmittel:

KOMMUNIKATIONS-HILFEN

1. STELL DEM SENDER FRAGEN

Auch die Jünger Jesu laufen mit dem Balken, der Blackbox, durch ihr (Glaubens-)Leben. Man könnte ja denken, dass sie es leichter haben als wir, Jesu Prinzipien zu verstehen. Schließlich ist er ja live und in

Farbe mit ihnen unterwegs. Aber dem ist nicht so. Bevor Jesus ans Kreuz geht, erzählt er ihnen mehrfach, dass er sterben, wiederkommen und auferstehen wird. Das ist die beste Botschaft des Christentums. Eine frohe und gute Nachricht! Doch wie reagieren die Jünger, als er es ihnen wieder einmal erzählt?

> *Eines Tages, als sie nach Galiläa zurückkamen, sagte Jesus zu ihnen: »Der Menschensohn wird verraten werden. Man wird ihn umbringen, doch drei Tage später wird er von den Toten auferweckt werden.« Als die Jünger das hörten, wurden sie sehr traurig.*
>
> ***Matthäus** 17,22-23*

Sie werden traurig, obwohl es eine Freudennachricht ist! Die Reaktion ist aus meiner Sicht erst mal verständlich. Sie interpretieren hinter ihren Balken. Sie hören, dass er sterben wird.

Mit Tod verbinden sie Trauer, Verlust und schlechte Erinnerungen. Jesus stirbt! Nein, das finden sie gar nicht gut.

Manchmal sind Menschen, wenn sie zum ersten Mal in unsere Kirche kommen, irritiert. Sie denken: »Das soll eine Kirche sein? Ich kenne das anders. Die Kirchen, in die ich bisher gegangen bin, waren in Kirchengebäuden, nicht in Diskotheken. Man hörte Orgelmusik und keine christlichen Popsongs mit Verstärkern. Ist das wirklich eine Kirche hier?« Sie interpretieren, sie projizieren ihr gelerntes Bild von Gemeinde auf das ICF und finden es deshalb vielleicht komisch oder gewöhnungsbedürftig. Wenn es schlecht läuft, interpretieren sie alles, was sie sehen, und kommen nicht auf die Idee, Fragen zu stellen. Läuft es aber gut, stellen sie jemandem aus unserer Kirche Fragen: »Warum seid ihr in einem Club? Warum hört ihr solche Musik? Wieso ist es hier so dunkel?«

»Weil wir eine Kirche sind, die die Sprache unserer Zeit sprechen will. Am Puls der Zeit sein ist einer unserer Leitsätze. Wir fragen uns, wie Kirche sein muss, damit sie Menschen in ihrem Alltag anspricht. So wie Luther, der ›dem Volke aufs Maule‹ geschaut hat. Er hat damals eine moderne Bibel geschrieben, die jeder verstehen konnte, oder sich bei den Liedtexten der Kirchenlieder an denen der Kneipenlieder orientiert. Und so sehen wir das auch. Wir wollen Gott auf eine Art ehren und anbeten, die zur heutigen Zeit passt und Menschen anspricht. Wenn du das Radio auf den einschlägigen Mainstream-Kanälen anschaltest oder in die Charts schaust, wirst du Musik finden, die unserem Worship ähnlich ist. Keine Orgelfugen. Und warum es bei uns so dunkel ist? Wir haben gemerkt, dass die Dunkelheit Menschen, die sich neu dem Glauben zuwenden, hilft. Sie können sich so besser auf den Gottesdienst einlassen. In den Momenten, in denen sie den Heiligen Geist (vielleicht zum ersten Mal) erleben, fühlen sich die meisten im Dunklen wohler als in einem hell ausgeleuchteten Raum. Es ist einfach privater, man kann leichter Gefühle zulassen und fühlt sich nicht beobachtet.« Diese Aussage würden die Besucher als Antwort bekommen. Vielleicht würde sie das überzeugen oder wenigstens zum Nachdenken bringen. Doch die Antworten bekommt nur der, der Fragen stellt.

Wieso, Weshalb, Warum? Wer nicht fragt …

Das gilt auch in der Kommunikation: Nachfragen! »Warum machst du das? Wie hast du deine Aussage gemeint?« Das ist ein wichtiges Tool, um die Blackbox aufzuschließen und Licht hineinzulassen. Aber es wird oft nicht genutzt, auch nicht von Jesu Jüngern. Als er wieder seinen Tod ankündigt, sind sie passiv und verschanzen sich weiter hinter ihren Balken.

Doch sie begriffen nicht, was er damit meinte. Die Bedeutung seiner Worte blieb ihnen verborgen, sodass sie sie nicht verstehen konnten, und sie wagten nicht, ihn danach zu fragen.

Lukas 9,45

Sie verstehen nicht, was Jesus meint. Sie begreifen die frohe Botschaft nicht. Im Glaubensleben ist das oft so. Das merke ich immer wieder auch bei mir selbst. Man versteht nicht, was Gott mit einer Sache aussagen will, und so schleicht sich das persönliche Weltbild in Gottes Worte hinein. Aber ich kann dich auch hier nur ermutigen: Stelle auch beim Bibellesen, wenn du Dinge in Predigten oder auch sonst im Glauben nicht verstehst, Fragen: Stelle sie anderen Menschen, aber auch Gott direkt. Sein Heiliger Geist hat die Bibel den Autoren eingegeben. Er weiß und kennt die Auslegung. Im Gebet kannst du ihm immer Fragen stellen, und er wird anfangen dir zu antworten.[43]

2. SPIEGEL DEN ANDEREN

Um meine Blackbox zu öffnen, muss ich meinem Gegenüber also Fragen stellen, dann bekomme ich in der Regel Antworten. Doch diese Antworten landen nun ja auch wieder in meinem schwarzen Balken. Du erinnerst dich: Nur der Sender kann entscheiden, ob ich ihn richtig verstanden habe, deshalb muss ich ihm zurückmelden, was bei mir angekommen ist. In Bezug auf meine »Lederjackenkommunikation« könnte das dann so aussehen:

Auf die Frage »Wer war denn für dich einkaufen?« hätte ich erst mal zurückfragen können: »Ich verstehe nicht ganz den Grund deiner Frage – warum interessiert dich das denn?«

Dann hätte der Mann vielleicht gesagt: »Ich suche schon lange so eine Jacke, und nachdem diese Teile ja echt nicht so günstig sind und ich von dir weiß, dass du nicht gern einkaufen gehst, habe ich mir gedacht, dass dir so ein Teil wohl jemand anderes besorgt hat. Ich würde denjenigen gern fragen, wie teuer die Jacke war und wo der die gefunden hat?«

Was kam nun bei mir an? Möglicherweise, dass der Fragesteller denkt, dass ich viel Kohle habe, weil ich die Jacke trage? Dass ich mein Geld zum Fenster rauswerfe? Vielleicht aber auch eine andere Interpretation.

Damit ich jetzt nicht falsch liege, muss ich den Mann spiegeln und sage in dem Fall: »Habe ich dich richtig verstanden, dass dir die Jacke gut gefällt und du auch gern eine hättest, sie dir aber nicht leisten kannst?«

»Ja, stimmt«, antwortet der andere. So hätte es überhaupt keine unguten Gefühle bei mir gegeben, wir wären positiv auseinandergegangen, und ich hätte sogar eine potenzielle Geschenkidee für ihn im Hinterkopf abgespeichert.[44]

Die »Wortkarte« ist ein Tool, das Tobi und mir in Konflikten sehr hilft. Vor allem, wenn einer der Meinung ist, dass er den anderen genau verstanden hat.

Konkret läuft das dann so ab:

Wenn Tobi einen Punkt hat, bei dem ich ihn seiner Meinung nach nicht richtig verstehe, dann hat er die Karte in der Hand. Sie bedeutet: Er hat das Wort. Ich darf nicht dazwischenreden. Das ist für emotionale Menschen wie mich nicht einfach, aber hilfreich. Wenn er fertig ist, dann gibt er mir die Karte. Ich darf und kann dann nachfragen und/oder Tobis Aussagen spiegeln. Dabei geht es zunächst nicht darum, meine Gegenargumente zu bringen, sondern nur darum, ihm zu sagen, was bei mir angekommen ist. Wir reichen uns die Karte so lange hin und her, bis Tobi (in diesem Fall der Sender) der Meinung ist, dass seine Aussage bei mir (in diesem Fall der Empfänger) wirklich richtig angekommen ist. Das erfordert echt Disziplin, hilft aber falsche Interpretationen zu vermeiden, die zu unnötigen Konflikten führen. Dann ist der andere dran und verfährt nach dem gleichen Prinzip.

Früher haben wir das wirklich mit einer Karte trainiert. Das wirkt erst mal komisch in einer Diskussion, weil man die Karte hin-, und hergeben muss. Aber es ist hilfreich, um zu üben. Ähnlich wie beim Autofahren. Wenn du Fahrschüler bist, dann brauchst du Übung, um die Gangschaltung zu bedienen. Ich weiß noch, wie oft ich damals den Motor abgewürgt habe. Mittlerweile ist mir das Schalten in Fleisch und Blut übergegangen. Genauso wie die Wortkarte. Die nehmen wir heute auch nicht mehr in die Hand, haben dieses Prinzip der Kommunikation aber fest in unseren Alltag integriert.

Spiegeln heißt also: In meinem Spiegel siehst du so aus. Es heißt nicht: Du siehst objektiv so aus! Ich habe recht! Sich das einzugestehen braucht Demut. Egal, ob es in der direkten Kommunikation ist, oder wenn du Taten anderer Menschen interpretierst – dein Spiegel ist immer deine subjektive Wahrnehmung.

3. VERGEBUNG – AUCH FÜR NICHTS

Vor Kurzem hatte ich ein sehr wichtiges Anliegen, das ich mit dem Leitungsteam unserer Kirche besprechen wollte. Einer der Leiter schaute mich bei meinen Ausführungen mit einem grimmigen Gesicht an. Ich war verunsichert, denn ich dachte, dass er nicht meiner Meinung sei. Ich fühlte mich abgelehnt. Wäre die Geschichte hier vorbei, dann wäre ich wieder mal in die Interpretationsfalle getappt. Solche Momente kennst du sicher auch, du fühlst dich von anderen verletzt und missverstanden, obwohl sie es vielleicht nicht so gemeint haben. Aus deiner Sicht hat der andere falsch gehandelt, und das ist für dich nicht diskutierbar.

Doch auch hier kannst du eine demütige Haltung einnehmen und dir eingestehen, dass du nicht der Nabel der Welt bist. Das wäre eine, sorry, wenn ich es sage, überhebliche Haltung. Vielleicht ist aber auch das Gegenteil der Fall: Du verspürst Minderwert und fühlst dich deshalb von anderen immer falsch verstanden. So oder so: Durch ein falsches Selbstbild bist du in die Interpretationsfalle gestolpert. Deshalb empfehlen wir dir, an dieser Baustelle anzusetzen. Hier darfst du wieder Gottes Kläranlage nutzen und dich in den Liebesfluss stellen (Teil 1), der dir hilft, dein Selbstbild geradezurücken, dich wieder zu lieben. Dann bekommst du auch wieder die Kraft (Kapitel 8), um dir selbst und auch den anderen Taten und Worte zu vergeben. Dieses göttliche Prinzip der Vergebung ist ein zentraler Punkt in unseren Beziehungen. Dabei ist es egal, ob der andere mich bewusst verletzt oder ablehnt, oder ob mein Gegenüber mich ohne

Absicht schlecht behandelt hat. Wenn ich mich damit nicht an Gott wende, sitze ich in meiner Interpretationsfalle fest. Doch ich kann ihm all das abgeben. Du erinnerst dich: Vergebung hat nichts damit zu tun, ob sie der andere in meinen Augen verdient hat oder nicht. Gott vergibt uns auch nicht, weil wir es verdient hätten, sondern weil er uns von Lasten befreien möchte. Das hilft mir loszulassen und gibt die Chance neu anzufangen. Nicht zu vergeben wäre so, als ob man selbst eine Flasche mit Bitterkeitsgift austrinkt und dabei hofft, dass der andere stirbt. Totaler Quatsch, oder? Deshalb ist es wichtig, in meinem Herzen anzufangen und Bitterkeit und Verletzungen nicht auf Dauer zuzulassen.

In der Situation aus dem Leitungsteam ging es folgendermaßen weiter: Ich bin nach dem Gespräch zu ihm gegangen und wollte wissen, warum er so böse geschaut hat. Er fiel aus allen Wolken und sagte: »Das hast du völlig falsch interpretiert, Tobi! Ehrlich gesagt war ich mit meinen Gedanken woanders, du hattest vorher etwas gesagt, das mich an einen traurigen Moment in meiner Kindheit erinnert hat, und wahrscheinlich habe ich deshalb böse ausgesehen.« Ich wusste also nun, dass ich falsch interpretiert hatte. Aber die Rückfrage war gut und notwendig, damit ich das Straßenstück auf meiner holländischen Brücke herunterklappen konnte und versöhnungsbereit war.

Es geht noch weiter

Ich habe ja schon geschrieben, dass manche Beziehungen enden können, trotz Rückfragen und dem Versuch von Vergebung und Versöhnung, du so ein Ende aber sorgfältig prüfen solltest.

Gehen wir jetzt aber mal im positiven Sinne davon aus, dass nach einem Konflikt beide Seiten vergeben haben, die Straße wieder über den Fluss führt und alles zur Versöhnung bereit ist. Dann sind wir noch nicht am Ende der göttlichen Möglichkeiten angelangt: Jetzt können wir uns gegenseitig weiterbringen. Aus der Reibung etwas lernen, aktiv werden und die Weichen für die Zukunft stellen. Da gibt es mehrere Möglichkeiten, die wir dir erklären möchten.

ENDSPURT: LÖSUNGSVARIANTEN FÜR KONFLIKTE

Einseitigkeit

In einer Großküche brauchen zwei Köche für die Gerichte, die sie zubereiten müssen, jeder unbedingt zwölf Eier. Es ist kurz vor Feierabend, und im Kühlschrank steht nur noch eine Packung Eier. Beide streiten sich um die Eier, und der dominantere von beiden nimmt sie am Ende. Der andere Koch gibt nach, dann muss er eben bis morgen warten und riskiert Ärger mit dem Chef.

Der Konflikt ist zwar gelöst, aber die eine Seite trotzdem unzufrieden. Wie zum Beispiel auch die Frau, die bei der Urlaubsplanung jedes Jahr nachgibt und mit ihrem Mann nach Südeuropa fährt, obwohl sie seit ihrer Kindheit Schweden liebt. Aber um des lieben Friedens willen hat sie sich irgendwann entschlossen, über dieses Thema nicht mehr zu streiten. Die Harmonie ist ihr wichtiger, und doch brodelt es immer leicht in ihr.

Einseitigkeit ist meiner Meinung nach keine Lösung: Einer hat gewonnen und einer hat verloren. Ich denke, dass man so nicht sehr weit kommen wird. Wenn du das weiterhin denkst, gehe zurück auf Null und beginne dieses Buch von vorn.

Next Step: Der Kompromiss

Die Köche teilen sich die Eier. Natürlich fallen dann die Portionen deutlich kleiner aus, aber jeder kann kochen.

Oder das Ehepaar entschließt sich: Ein Jahr fahren wir in den Süden und im nächsten Sommer nach Schweden.
Bei einem Kompromiss kommen beide Parteien aufeinander zu, müssen aber einen Teil ihrer Interessen zurückstellen. So eine Lösung für den Konflikt zu finden, ist im Alltag schon gut. Es geht aber noch ein bisschen besser.

Der Konsens

Frauke und ich haben im Urlaub zwar nicht das Schweden-/Italien-Problem, wir haben eher in der Gestaltung der Urlaubstage unterschiedliche Vorlieben. Ich mache gerne ein wenig Sport und will auch etwas unternehmen, aber ich hänge auch gerne mal ab und entspanne mich am Strand. Doch dauerhaftes Nichtstun langweilt meine Frau. »Ok – lass uns joggen gehen!«, habe ich einmal vorgeschlagen. Das wäre aus meiner Sicht ein Kompromiss gewesen. Ich hätte mich aus meiner Liege geschwungen, um ihren Wunsch nach Aktivität zu erfüllen. Aber das wollte sie auch nicht.

Tobi verstand nicht, was mir im Urlaub wichtig ist. Was meine Vorstellung von Aktiv-sein bedeutet. Ich will nicht joggen gehen. Das ist austauschbar! An die tägliche Joggingrunde (es sei denn sie ist in einer tollen Umgebung, wie zum Beispiel in Kroatien auf Mali Losinj) erinnere ich mich in 5 Jahren nicht zurück. Ich wünsche mir, dass wir im Urlaub als Familie besondere Momente kreieren,

Qualitätszeit schaffen, Abenteuer erleben. Zum Beispiel nicht jeden Abend in der Ferienwohnung essen, sondern mal in den Dünen beim Sonnenuntergang picknicken. Daran erinnere ich mich später.

Dass das Fraukes Art von Aktivität im Urlaub ist, habe ich erst nach etlichen Diskussionen und Gesprächen verstanden. Es geht ihr nicht darum, aktiv eine Sache nach der anderen durchzupowern, das stresst auch sie, sondern mit Bene und mir (aktiv) schöne Momente zu erleben und auszubrechen aus dem »Normalen«. Für mich war es auch kein wirklicher Kompromiss, denn wenn wir in den Dünen aßen, konnte ich dabei genauso abhängen wie am Strand. Es entspannte mich genauso. Und ehrlich gesagt, es hat mir sehr gut gefallen, denn auch ich denke heute noch gern an diese Momente zurück.

Das ist ein Konsens. Bei einem Konsens kommt keiner zu kurz, und die Interessen beider Seiten werden betrachtet. In Gesprächen wird an einer gemeinsamen Lösung gearbeitet, die (und das ist das Tolle) beide Beteiligten weiterbringt.

Ich lerne den anderen besser kennen, indem ich das »Warum« verstehe. Warum möchte Frauke aktiv sein? Wie sieht ihr Wunsch nach Aktivität aus? Was ist mir wichtig im Urlaub? Wie schaffen wir es, aus unseren Bedürfnissen etwas Gemeinsames zu entwickeln?

Das bedeutet natürlich einen höheren Zeitaufwand. Ich kann dir empfehlen, auf der Suche nach so einem Konsens die Wortkarte immer griffbereit in der Tasche zu haben.

Auch die Köche konnten einen Konsens finden: Beide wollen zwölf Eier! Das ist Fakt. Doch anstatt zu streiten, könnten die Köche miteinander reden. »Warum brauchst du die Eier, lieber Kollege?«, wäre eine gute Einstiegsfrage.

Dabei kommt im Idealfall heraus, dass der eine Koch Eigelb braucht, weil er eine frische Mayonnaise herstellen will, der andere Baiser backen will und dazu Eiweiß braucht. In dem Fall können beide Köche die Eier benutzen und so einen Konsens finden.

Gute Beziehungen sind möglich, aber nicht selbstverständlich. Doch als Lösung eines Konfliktes ist Einseitigkeit immer nur Mist. Du kannst durch Kommunikation, Kompromisse oder durch einen Konsens die Beziehung auf eine höhere Ebene bringen und Potenziale in ihr freisetzen. Aber, und das ist herausfordernd: Die Entscheidung, ob du etwas ändern und angehen willst, liegt bei dir. Du musst dich bewegen, dich verändern und Schritte gehen. Das ist eine Haupterkenntnis unseres Trainingsplans im Epheserbrief:

> *Deshalb sollt ihr euer altes Wesen und eure frühere Lebensweise ablegen, die durch und durch verdorben war und euch durch trügerische Leidenschaften zugrunde richtete.*
>
> **Epheser 4,23**

DER BESTE BEZIEHUNGSCOACH

Doch das schaffst du nur schwer alleine. Wir sind der Meinung, du brauchst Gott dafür. Er kann dir den neuen Geist und das veränderte Denken geben. Dadurch hilft er dir, aus alten Mustern auszusteigen. Ohne ihn kann es immens schwer sein, Konflikte (nachhaltig) zu lösen und einen next step in deinem Beziehungsleben zu erleben. Denn Gott hat praktische Tipps zur Konfliktlösung parat: Er stellt dir sein Liebesflusssystem zur Verfügung, kann dich aus Sackgassen herausholen, hilft dir, deine Perspektive zu wechseln, zu vergeben, schickt seinen Heiligen

Geist der Versöhnung und schenkt dir durch Jesu Hilfe Neuanfänge und noch so viel mehr.

Auch das wusste Paulus und würde uns da wohl zustimmen, denn auch er empfiehlt uns den besten Therapeuten für unsere Beziehungen:

> Deshalb orientiert euch nicht am Verhalten und an den Gewohnheiten dieser Welt, sondern lasst euch von Gott durch Veränderung eurer Denkweise in neue Menschen verwandeln. Dann werdet ihr wissen, was Gott von euch will: Es ist das, was gut ist und ihn freut und seinem Willen vollkommen entspricht.
>
> **Römer 12,2**

AUSSTIEG

COOL DOWN

Jetzt hast du das Buch durchgeackert und stehst wahrscheinlich doch am Beginn eines Feldes, welches du weiterbearbeiten möchtest: dein Beziehungs- und Konfliktleben. Wie groß dieser Acker ist, ist dir beim Lesen des Buches vielleicht deutlich geworden.

KLEINE SCHRITTE

Doch keine Sorge: Schritt für Schritt kannst du dieses neue Land einnehmen. Und dabei brauchst du keine Siebenmeilenstiefel anzuziehen: Vielmehr solltest du die »Kunst der kleinen Schritte« beherrschen. Such dir einen Bereich heraus, in dem du Herausforderungen hast. Und setze dir dann kleine und realistische Ziele, die du auch durchhalten kannst.

Wie klein diese Ziele sein sollten, ist mir in einem LISA[45]-Eheseminar von Manfred Engeli deutlich geworden. Dort gibt Manfred folgendes Beispiel:

Eine Frau redet ihrem Mann ständig in die Erziehung der Kinder hinein. Ihr Vorsatz: »Ich mache das nicht mehr!« Die Antwort des Ehecoachs lautet: »Der Schritt ist zu groß! Überleg mal: Zu welcher Zeit am Tag könntest du dir vornehmen, deinen Mann über Erziehungsfragen reden zu lassen, ohne ihm ständig etwas entgegenzusetzen?« Sie antwortet: »Vielleicht beim Frühstück? Da ist er noch müde und redet nicht so viel. Da kann ich das schaffen!« - »Der Schritt ist auch noch zu groß!«, sagt der Psychologe. »Bei welchem Kind fällt es dir am leichtesten, nicht reinzureden?« - »Bei unserer kleinsten Tochter!« erwidert die Frau. »Gut«, sagt ihr Gegenüber. »Dann ist deine Aufgabe, nur beim Frühstück, wenn dein Mann über Erziehungsfragen in Bezug auf eurer jüngstes Kind spricht, nicht reinzureden und das ganze erst mal drei Wochen lang, aber eben nur ein Mal die Woche. Wenn du das schaffst, dann kannst du es langsam steigern.« - »Ok«, sagt sie, »das kann ich schaffen!«

Geh erst mal ganz kleine realistische Schritte! Gehst du diese erfolgreich, dann schaffst du auch den nächstgrößeren, und du kommst in eine Dynamik, die dich weiterbringt und dein Beziehungsleben immer weiter verbessern wird.

Versuchst du dich an zu großen Zielen, dann wirst du wahrscheinlich scheitern und frustriert aufgeben. Deshalb setz dich nicht unter Druck und geh es langsam an. So können negative Gewohnheiten in positive umtrainiert werden. Eine Bekannte erzählte mir, dass sie einen Konflikt mit Gott hatte. Ich fragte sie, ob sie denn regelmäßig mit ihm Zeit verbringt, also mit ihm kommuniziert. »Nein, dazu ist mein Alltag zu stressig«, war ihre Antwort. Sie sah ein, dass ihr etwas fehlte, und sie wollte an der Beziehung zu Gott arbeiten. Sie überlegte, was ihr »next step« sein könnte. »Jeden Tag

Bibellesen und morgens eine halbe Stunde früher aufstehen, um zu beten?«, überlegte sie. Definitiv zu viel für einen realistischen nächsten Schritt. Schließlich nahm sie sich vor: »Drei Mal in der Woche mit Timer zwei Minuten beten.« Das hat sie durchgezogen und irgendwann reichten ihr drei Mal pro Woche zwei Minuten nicht mehr. Sie steigerte auf drei, dann vier, dann fünf Minuten. So kommt sie ihrem ursprünglichen Ziel Schritt für Schritt näher. »Ich fühle mich Gott wieder viel näher und habe mir auch vorgenommen, einmal wöchentlich einen festen Termin zum Bibellesen einzuplanen«, erzählt sie heute.

STOLPERN - KEIN DING!

Und wenn dann doch ein Rückfall passiert: Wenn zum Beispiel die Frau ihrem Mann beim Frühstück in die Erziehung der kleinen Tochter reinredet und ein Streit ausbricht? Oder die andere Frau das Bibellesen nun doch nicht durchzieht? Was dann? Aufgeben? Nein, das passiert jedem von uns. Gott weiß, dass du nicht perfekt bist. Er hat Rückschläge in deinem Leben einkalkuliert. Allerdings solltest du dich auf dieser Aussage nicht ausruhen. Gott wünscht sich, dass du nach jedem Bauchklatscher wieder zu ihm gehst, die falschen Taten und Worte mit ihm besprichst und dich immer wieder entscheidest, Jesus deine Fehler ans Kreuz zu legen. Er vergibt sie dir und schenkt dir neue Kraft, um wieder durchzustarten. Willst du einen Marathon laufen, musst du auch klein anfangen und kannst nicht direkt die ganze Distanz schaffen. Es gibt auch da Tage, an denen du Rückfälle erlebst, schlechtere Zeiten hast als am Vortag, dich aber nicht vom Ziel abbringen lässt und am nächsten Trainingstag wieder durchstartest. Genauso wie Rückschläge in deinen guten Vorsätzen. Die sind ein Teil von Gottes Plan, sie bringen dich weiter und führen zum Ziel. Er hat immer nur Gutes für dich im Sinn, auch wenn du stolperst:

Das eine aber wissen wir: Wer Gott liebt, dem dient alles, was geschieht, zum Guten.

Römer 8,28a HFA

Ich bin nicht die große Sportskanone und muss mich wirklich fast jedes Mal motivieren und aufraffen, um laufen zu gehen. Doch ich habe vor längerer Zeit eine Entscheidung getroffen, meinem Körper etwas Gutes zu tun, und da gehört Sport einfach dazu. Wenn du dich (vielleicht auch durch das Lesen dieses Buches) entschieden hast, deinen Beziehungen etwas Gutes zu tun, gehört die bewusste Entscheidung, an diesen und auch an dir zu arbeiten ebenfalls dazu. Nur du kannst aktiv wichtige Beziehungsprinzipen leben: Den direkten Weg gehen, nicht alles zu interpretieren, an das Gute im anderen glauben, Kommunikationsregeln anwenden und so vieles mehr. Wenn du das nicht machst, dann wirst du dich wahrscheinlich hauptsächlich um deine eigenen Gedanken und Interpretationen drehen, und dieser Kreislauf wird dir und deinen Beziehungen schnell schaden. Doch es gibt eine Ausbruchsmöglichkeit:

WERDE ZUM QUITTER

Als Frauke und ich geheiratet haben, waren wir noch sehr jung. Trotzdem haben wir beide unsere Geschichten mit in die Ehe gebracht, Prägungen aus der Familie, unterschiedliche Streitkulturen und tausend Punkte mehr. Doch es gab eine besonders wichtige Sache, die wir gemeinsam hatten: Wir hatten damals beide bereits eine Beziehung zu Jesus. Das war auch gut so, vor allem wenn wir uns in der Ehe nur noch um uns selber drehten und in diesen Kreisläufen feststeckten.

Bist du ein Kreisläufer?

LIEBLOS ▶ OPFER ▶ UNVERGEBENHEIT ▶ EGO ▶ UNVERSTANDEN ▶
VERGEBUNG
LIEBE
NEUANFANG
VERSTÄNDNIS
LIEBLOS ▶ OPF
UNVERGEB
EGO ▶ UN
Ich bin FREI!

Wenn wir gefangen waren, vielleicht in alten Verletzungen, oder uns einfach nicht verstehen wollten, weil unsere Blackboxen fest verschlossen waren, erinnerten wir uns daran, dass wir nicht allein in unserer Beziehung sind. Gott hat uns Hilfe versprochen. Denn bei unserer Hochzeit haben wir bewusst und von ganzem Herzen den Satz »Ja, mit Gottes Hilfe« gesagt.

Wir haben versucht, jeder zu für sich und auch manchmal gemeinsam, zu Jesus zu gehen, seine Kläranlage zu nutzen. Wir wollten aus dem Kreislauf ausbrechen und mit seiner Hilfe zum Quitter werden!

Auch du darfst jederzeit Jesu Hilfe annehmen und zum Quitter werden! Du darfst sein Angebot annehmen und alles bei ihm am Kreuz lassen.

Er hilft dir, seine Prinzipien anzuwenden, und kann dir wieder Liebe für dich und den anderen schenken. Wir haben dir mit dem Buch einige dieser Prinzipien wie den Liebesfluss, die Kläranlage, das richtige Timing, Wahrheit in Liebe oder auch göttliche Kommunikation gezeigt, aber am Ende ist es deine Entscheidung für Jesus, die dir hilft und die dir die Kraft gibt, aus der Konfliktspirale auszubrechen.

ES IST NIE ZU FRÜH!

Aber es ist auch nie zu spät! Egal, wie alt du bist – ob ledig, liiert oder verlobt, oder ob du auf ein langes Eheleben zurückblickst – alle Prinzipien, die wir dir in diesem Buch vorgestellt haben (und es gibt noch so viele mehr) gelten immer. Du darfst sie jederzeit annehmen und leben. Wenn du Single bist, kannst du heute anfangen, dein Kommunikationsverhalten und Beziehungsleben zu verändern. In Freundschaften kannst du Jesus miteinbeziehen und lernen, wie man Herzensnähe durch liebevolle Ehrlichkeit und Zuwendung schafft und behält. Das wird dir in deinem späteren Beziehungsleben helfen. Und wenn du zu der Gruppe Mensch gehörst, die vielleicht schon eine gefühlte Ewigkeit verheiratet ist, und nach der Lektüre des Buches sagst: »Mann, das hätte ich mal früher wissen sollen. Aber jetzt ist es wohl zu spät«, dann kann ich dich beruhigen: Es ist nie zu spät. Egal, ob du 17 oder 70 bist. Gott will mit dir hier und heute eine Geschichte schreiben, und seine Angebote gelten für jeden und jederzeit.

Allerdings ist uns gerade für Ehen etwas wichtig. Wir wünschen uns, dass Ehepaare nicht erst anfangen an ihrer Beziehung zu arbeiten, wenn sie kurz vor der Trennung stehen. Ich kenne Menschen, die sich in ihrem Berufsleben ständig coachen lassen, damit sie besser werden. Selten, wenn sie kurz vor der Kündigung stehen, sondern, weil sie den nächsten Karriereschritt gehen wollen. Im Eheleben herrscht da oft ein umgekehrtes Denken: Erst wenn hier der »Rauswurf« kurz bevorsteht, beginnt man sich aufzuraffen und holt sich Hilfe. Aber es ist auch in diesem Lebensbereich von Vorteil, wenn man schon in guten Zeiten die Beziehung pflegt, gemeinsam daran arbeitet, sich Input von außen holt und dadurch sein Fundament stärkt für zukünftige Konflikte.

Menschen verändern sich im Laufe der Zeit. Früher habe ich Gartenarbeit gehasst, heute mag ich sie. (Ja, liebe Jugendfreunde: Crazy Punker Tobi mit der Heckenschere in der Hand. Lacht euch ruhig schlapp, doch es ist wirklich so.) Aber auch in vielen anderen Punkten bin ich nicht mehr der Tobi, den Frauke geheiratet hat, und sie ist auch nicht mehr die Frauke von damals. Wir müssen immer wieder an uns arbeiten, damit wir verstehen, wie der andere heute tickt und was ihm wichtig ist. Wäre es anders, wäre unsere Beziehung eigentlich ganz schön langweilig, so ohne jede Veränderung. Jemand hat mal gesagt: »Du kannst entweder tausend Frauen auf die gleiche Art kennenlernen, oder die eine gleiche Frau auf tausend verschiedene Arten neu entdecken und sie dabei immer tiefer verstehen.« Ich habe mich für den zweiten Weg entschieden, denn der erfüllt mich. Dieser Pfad langweilt mich nicht und ist für mich das größere Abenteuer.

Ein Bild macht mir immer wieder deutlich, wie wichtig es ist, stets in die Beziehung zu investieren und am Partner dranzubleiben:
Stell dir mal vor, dass du mit deinem Mann, jeder für sich, auf einer Luftmatratze auf dem Meer schwimmst. Lässt du ihn los und machst nichts, träumst vor dich hin und bist in deiner Welt, dann wirst du irgendwann aufwachen und dein Partner ist weit von dir weggetrieben. Du musst also aktiv bleiben, um beim anderen zu sein. Immer wieder die Hand des anderen greifen, zueinander paddeln, wenn du von ihm abgetrieben wirst. Tobi und ich sind seit fast 20 Jahren verheiratet, und ich kann dir versichern, wir haben immer noch Streitigkeiten, Missverständnisse und Kommunikationsprobleme miteinander. Aber das ist kein Grund aufzugeben, sondern ein Prozess, sich immer wieder zu entscheiden, lernbereit zu sein und nicht sofort den Kopf in den Sand zu stecken. Deshalb gehen wir auch in guten Zeiten regelmäßig zum Ehecoaching. Denn wir kennen nicht alle Prinzipien, die eine gute Ehe ausmachen. Und selbst die, die wir kennen, wenden wir leider nicht immer an. Deshalb wollen auch wir immer weiter lernen. Es ist ganz normal, dass du Herausforderungen in deinen Beziehungen hast, egal ob in der Ehe, in Partnerschaften, in Freundschaften, der Kirche oder im Job. Wir möchten dir empfehlen: Werde einfach ehrlich mit vertrauenswürdigen Freunden und erzähle ihnen von deinen Schwierigkeiten. Wir sind uns sicher, sie werden ihre Geschichten zum Thema haben und können dir Tipps geben, wie sie damit umgehen.

Dass du nicht alleine bist in Beziehungsproblemen, dass du kein Sonderling bist, wenn in deiner Ehe etwas nicht rundläuft, ist etwas, was wir dir mit diesem Buch zeigen wollen. Ein Buchtitel von John Ortberg lautet: »Jeder ist normal, bis du ihn kennenlernst[46]«. Das ist auch unsere Erfahrung: Wenn wir ehrlich zu uns sind, müssen wir wohl zugeben, dass wir Macken und einige Schatten in unserem Leben haben. Am Anfang einer Beziehung lässt sich das vielleicht noch vertuschen, aber irgendwann kommen die Eigenarten ans Licht, bei jedem von uns. Aber es gibt die gute Nachricht, die uns aufatmen lässt: Gott kann und möchte mit zwei unperfekten Menschen zum Ziel kommen. Vorausgesetzt, wir lassen ihn. Dabei können dir zusätzlich zu Gottes Hilfe gute Freunde und regelmäßiges Ehecoaching[47] helfen, einen neuen Blick und neue Herangehensweisen für dein Beziehungsleben zu finden.

So schwer der Weg auch scheint, wenn du aktiv wirst – und das gilt für alle Arten von Beziehungen –, kannst du es schaffen, mit kleinen Schritten ein großes Etappenziel zu erreichen.

Und die beste Nachricht ist: Als Quitter bist du dabei nie allein!

Denn Gott hat uns versprochen: »Ich lasse dich nicht im Stich, nie wende ich mich von dir ab.«

Hebräer 13,5b; HFA

Wir wünschen dir Erfüllung und viel Experimentierfreude für deine Beziehungen.

JETZT BIST DU DRAN!

Deshalb kommt am Ende des Buches eine Challenge für dich:

Nimm dir jetzt ein realistisches Ziel vor! Geh diesen Schritt, wenn du in einer Beziehung bist, am besten gemeinsam mit deinem Partner, und notiere ihn dir auf der nächsten Seite. Und wenn du in ein paar Monaten diesen Vorsatz liest, dann sei gespannt, was sich daraus entwickelt hat.

Diesen (realistischen) Schritt will ich gehen:

DANKSAGUNG

Dieses Buch hat uns vor eine neue Herausforderung gestellt. Dieses Mal war nicht Tobias der alleinige Autor, sondern wir haben es zu zweit verfasst. Und zwei Menschen sind nicht immer einer Meinung, was die Inhalte angeht. Und doch war es gut, denn auch uns hat die Beschäftigung mit dem Thema wieder ein Stückchen weitergebracht.

Es gibt noch eine weitere Person, die uns maßgeblich durch dieses Projekt geleitet hat. Danke, Claudia Elsen, du hast uns viele gute und wichtige Fragen gestellt und unzählige Stunden in die Erstellung des Manuskripts investiert. Deine kreative Art, Bücher zu schreiben, fasziniert und begeistert uns.

Ein weiteres Merci geht an:
Manfred Engeli: Wir haben in deinen Kursen, bei persönlichen Gesprächen und durch deine Bücher so viel gelernt! Vielen Dank, dass wir dieses Buch auf deinen Erfahrungen und Untersuchungen aufbauen durften! Karola & Hans-Rudolf Teichen. Danke von Herzen für eure Liebe und Ermutigung und jedes einzelne Gebet. Christiane und Hartmut Reibold. Danke für euer Vorangehen und Vorbildsein als Ehepaar! Danke auch, dass ihr versucht, so gut wie jede Anfrage möglich zu machen, euren Enkel zu hüten. Ihr seid eine große Entlastung für uns und ermöglicht dadurch vieles.

An unsere Freunde und Leiter Susanna und Leo Bigger. Eure Art, Ehe und Beziehung zu leben, ist immer wieder eine Inspiration für uns.

An dich: Frauke! Ich habe durch dich so viele neue Facetten und Perspektiven dieser Welt kennengelernt – deine komplette Andersartigkeit sorgt für Reibung – Entwicklung und Abenteuer. Danke, dass du immer wieder neu auf mich zugehst und nie stehen bleibst. Du bist mein härtester und bester Coach – danke fürs Dranbleiben über all die Jahre.

An dich, Tobi! Ich weiß nicht, wo ich oder wir heute wären, hättest du nicht von Anfang unserer Beziehung an immer wieder darauf bestanden, Konflikte zu lösen, Lerneffekte daraus zu ziehen und immer einen nächsten Schritt zu gehen. Danke für deine Klarheit und deinen Humor! Ich liebe dich nicht nur, weil DU bist, wie DU bist, sondern auch weil ich bin, wie ich durch DICH geworden bin. Du machst mich zu einem besseren Menschen!

An Bene: Du machst unsere Familie zur Familie! Und du und dein Freund Niclas Elsen sind der eigentliche Grund, dass es diese Bücher hier gibt. (Ihr wisst, warum!)

Clemens Lutter, du Organisations- und Zahlengenie! Danke, dass du die Fäden dieses Projektes zusammengehalten hast. Dorothea Müller, unsere ICF-Lektorin, die immer wieder den roten Faden in den Text gewebt hat. Silke Gabrisch, unsere Ansprechpartner beim SCM Verlag.
Danke für eure Hilfe und euer konstruktives Feedback!

Unserer Grafikabteilung, oder besser gesagt: unseren Künstlern. Wir sind so begeistert, was ihr draufhabt: Sophia Langner, die diese großartige Optik des Buches geschaffen hat, und Michael Géréon, der alle Bilder per Hand gezeichnet hat! Und Felix Lasson, Roy Rivera, die die beiden unterstützt haben.
Alle Schätze in unserer Kirche, die sich im Bereich Ehecoaching und Konfliktschulung einbringen – eure praktischen Erfahrungen haben uns oft weitergeholfen und inspiriert.

Der gesamten ICF-Family - danke, dass ihr uns unterstützt und immer wieder herausfordert, neu und immer wieder frisch an Jesus dranzubleiben und stets andere Facetten von Gott zu entdecken. Danke für eure großzügige und ermutigende Art, die u.a. zur Entstehung unserer Bücher beitragen.
Es ist eine große Ehre für uns, eure Pastoren sein zu dürfen.

Und natürlich an Gott, der uns damals den Segen für unsere Ehe gegeben hat. Danke, dass wir dich immer an die Spitze unseres Ehedreiecks stellen dürfen und jeder von uns in seiner Eigenart von dir geliebt ist.

ANMERKUNGEN

1 *Informationen über unsere Kirche: www.icf-muenchen.de, letzter Aufruf 12.04.2018.*

2 *http://www.lisaeheatelier.ch, letzter Aufruf am 02.03.2018.*

3 *Die Liebesformel, der Liebesfluss, das Beziehungsdreieck, die Autobahn, die Zugbrücke, der isolierte Draht etc. vgl dazu: Engeli Manfred: Makarios: Der Weg, ein glücklicher Mensch zu werden. 3. Auflage. Freiburg: Neufeld Verlag, 2011.*

4 *Im Monolog beten bedeutet, Gott seine Sorgen, seinen Dank und seine Wünsche zu sagen und dann ist das Gebet fertig. Beim Dialog geht es weiter, denn dabei kann man auf die Stimme des Heiligen Geistes hören. Er ist das Sprachrohr zwischen mir und Gott. Mehr dazu findest du in meinem Buch: »MOVE – Entdecke das Leben«.*

5 *Gott ist allein für sich schon ein Beziehungswesen, denn er setzt sich aus Vater, Sohn und dem Heiligen Geist zusammen. In vielen Stellen in der Bibel sieht man, wie die drei miteinander in Beziehung stehen. Wie sie übereinander sprechen und sich wertschätzen. So sagt beispielsweise der Vater über Jesus: »Dies ist mein geliebter Sohn, über den ich mich von Herzen freue.« Matthäus 3,17; HFA*

6 *Vgl. dazu: https://www.philognosie.net/kommunikation/konflikte-loesen-streit-schlichten-mit-ich-botschaften, letzter Aufruf am 01.03.2018.*

7 *Engeli Manfred: Makarios: Der Weg, ein glücklicher Mensch zu werden. 3. Auflage. Freiburg: Neufeld Verlag, 2011, S. 55-56.*

8 *Entwickelt von Manfred Engeli: http://www.lisaeheatelier.ch*

9 *Engeli Manfred: Makarios: Der Weg, ein glücklicher Mensch zu werden. 3. Auflage. Freiburg: Neufeld Verlag, 2011, S.55.*

10 *Engeli Manfred: Makarios: Der Weg, ein glücklicher Mensch zu werden. 3. Auflage. Freiburg: Neufeld Verlag, 2011, S. 26.*

11 *Das Phänomen gibt es übrigens auch unter Freunden, auch da kann es auf Dauer schwierig werden, wenn sie sich gegenseitig so in Beschlag nehmen.*

12 *In meinem Buch »MOVE – Entdecke das Leben« findest du dazu Anregungen, Tipps und praktische Anwendungsbeispiele.*

13 *Diese Thematik habe ich ausführlich in meinem Buch: »Roots - Auf der Suche nach dem Ursprung des Glaubens« beschrieben.*

14 *Dass Gott schon immer einen guten Plan für uns hatte, kannst du nachlesen in meinem Buch: »Roots – Auf der Suche nach dem Ursprung des Glaubens«.*

15 *In unserer Kirche gibt es dazu einen Workshop: Das »Get-Free«. Dort kannst du mit einem geschulten Begleiter deine Sorgen, Nöte, negativen Erfahrungen und Verfehlungen erkennen und zu Jesus bringen.*

16 *Engeli Manfred: Makarios: Der Weg, ein glücklicher Mensch zu werden. 3. Auflage. Freiburg: Neufeld Verlag, 2011, S. 26.*

17 *Die Psychologie kennt das Phänomen auch: Bereits in den 1970er-Jahren beschrieb der Amerikaner Timothy Gallwey in seinem Buch »Tennis und Psyche – das innere Spiel«, dass der Geist das Spielfeld ist, auf dem das tatsächliche Spiel stattfindet. Über den inneren Dialog schreibt er: »Offensichtlich sind ›Ich‹ und ›Selbst‹ zwei getrennte Einheiten in unserem Kopf, sonst könnte es keine Unterhaltung zwischen beiden geben.« Gallwey kommt zu dem Schluss, dass der Weg zu einer mental starken Persönlichkeit in einer Verbesserung der Beziehung dieser beiden »Ichs« liegt, das heißt, je besser es uns gelingt, den inneren Dialog entsprechend positiv und zielführend*

zu gestalten, desto mehr steigen unsere Chancen, mit uns ins Reine zu kommen und unsere Selbstbeziehung zu stärken. Siehe dazu: Timothy Gallwey: Tennis – das innere Spiel. Durch entspannte Konzentration zur Bestleistung. Überarbeitete Neuauflage. München: Goldmann Verlag, 2012.

18 Diese Konflikttypen habe ich selber beobachtet und die Parallelen zur Tierwelt gezogen. Es gibt aber Menschen, die sich mit dieser Thematik ausführlicher beschäftigen wie: Gerd Siemoneit-Barum/Robert Griesbeck: Die Kunst, mit dem Tier im Menschen umzugehen. Geheimnisse eines Dompteurs. München: Gräfe und Unzer, 2007.

19 Der Tausch am Kreuz ist ein anderer Begriff für: Buße tun. Im griechischen Orginaltext steht für Buße das Wort: »metanoia«. Das bedeutet »umkehren« oder »umdenken«. Im Hebräischen findet man auch das Wort »Schub«, was noch mehr als »umdenken« beinhaltet. Es bedeutet das praktische Verändern seines eigenen Verhaltens. Ein »Schub« in die richtige göttliche Richtung. Dieses aktive Handeln ist ein sehr wichtiger Aspekt beim Tausch am Kreuz. Mehr dazu findest du in meinem Buch: »Move – Entdecke das Leben«.

20 Manchmal wissen wir sofort, womit wir an Gottes Zielen für unser Leben vorbeigerannt sind, manchmal erkennen wir es erst, wenn es uns der Heilige Geist eingibt. Was Gottes Ziele für unser Leben sind, kannst du in der Bibel nachlesen.

21 Auch hier ist der Heilige Geist derjenige, der dir zeigt, was du verändern kannst. Man kann den Tausch am Kreuz alleine durchführen. Ich empfehle dir aber, einen anderen Menschen mit hinzuzunehmen. Auch der kann Impulse vom Heiligen Geist für dich empfangen und zusammen mit dir deine Schritte festmachen.

22 Wenn das bei dir der Fall ist, dann empfehle ich dir, dass du dir erfahrene Menschen in deiner Gemeinde suchst, die dir das zeigen.

23 Es gibt so viele unterschiedliche falsche Gottesbilder. In meinem Buch: »Move – Entdecke das Leben« beschäftige ich mich ausführlich mit der Thematik und zeige dir auch, wie du sie loslassen kannst.

24 In dem Gleichnis kommt auch noch der neidische Bruder vor, dem das gar nicht gefällt, dass sein Papa eine Sause für den kleinen Bruder veranstaltet. Er war doch immer da und hat doch immer alles gemacht, was Papa wollte, und der andere nicht. »Das ist unfair!«, denkt er sich. Der Vater liebt ihn aber genauso, das sagt er ihm auch. Im Sinne des Gleichnisses steht dieser Sohn für Menschen, die ein Leben nach Gottes Idee führen. So weit, so löblich. Das Problem hier ist, dass sich der ältere Sohn als etwas Besseres empfindet. Er glaubt, dass er durch sein zuverlässiges Verhalten größeres Ansehen von seinem Vater bekommen sollte. Doch bei Gott zählt kein Leistungsdenken (Lukas 15,7). Du musst dir seine Liebe nicht verdienen. Auch dieses Wissen hilft mir, dass ich ein gutes Gottesbild in mein Herz lassen kann.

25 »Ich bin ihnen von ferne erschienen und habe zu ihnen gesagt: ›Ich habe euch schon immer geliebt, darum bin ich euch stets mit Güte begegnet.‹« Jeremia 31,3; HFA Oder: »Wir wissen aber, dass denen, die Gott lieben, alle Dinge zum Guten wirken.« Römer 8,28; ELB Und das gilt auch und vor allem in der Not. Solche Verheißungen kannst du dir aufschreiben und dir immer wieder zusprechen. Das kann dein Herz verändern. Ich habe das selbst schon oft erlebt.

26 Die Ausführungen über die Liebessprachen sind entnommen und angelehnt an: Gary

Chapmann: Die fünf Sprachen der Liebe. Original by Moody Bible Institute of Chicago, USA, 1992, deutschsprachige Ausgabe: Marburg an der Lahn: Verlag der Francke Buchhandlung GmbH, 1994/2003.

27 *Im Internet kannst du testen, welche Liebessprache du sprichst. Einfach in eine Suchmaschine: »5 Sprachen der Liebe Test« eingeben.*

28 *Wie der Dialog mit Gott funktioniert, kannst du nachlesen in meinem Buch: »MOVE– Entdecke das Leben«.*

29 *Wie der Heilige Geist spricht, zeige ich dir in meinem Buch: »MOVE– Entdecke das Leben«.*

30 *In meinem Buch: »Move - Entdecke das Leben« habe ich ausführlich beschrieben, wer der Heilige Geist ist und auf welche Art und Weise er mit uns sprechen kann.*

31 *Engeli Manfred: Makarios: Der Weg, ein glücklicher Mensch zu werden. 3. Auflage. Freiburg: Neufeld Verlag, S. 48 ff.*

32 *Alle Tipps, die Paulus im Epheserbrief gibt, kann ich im Rahmen dieses Buches nicht beleuchten. Du kannst sie nachlesen: Epheser 4,17-32.*

33 *Frei nach Grenny, Joseph: The Brownie Experiment. Du findest es leicht bei Youtube oder direkt unter https://youtu.be/FiWqizq9CKo, letzter Aufruf am 01.03.2018.*

34 *Auch hier in Anlehnung an das Brownie-Experiment.*

35 *Psalm 85,11.2; Johannes 3,1; Johannes 3,18.*

36 *Engeli, Manfred: Makarios: Der Weg, ein glücklicher Mensch zu werden. 3. Auflage. Freiburg: Neufeld Verlag, 2011, S. 66.*

37 *Der Mensch wird zwar von Gott getrennt geboren und braucht Jesus, um die Erlösung zu erfahren, trotzdem gibt es in seinem Leben eine große Spannbreite, in der er seine Persönlichkeit entwickeln kann.*

38 *Engeli, Manfred: Makarios: Der Weg, ein glücklicher Mensch zu werden. 3. Auflage. Freiburg: Neufeld Verlag, 2011, S. 49,50.*

39 *Dieses Interview hat mich sehr bewegt. Es zeigt, wie eine Frau durch Jesu Hilfe dem Mörder ihrer Tochter vergeben konnte. Sie ist ein Vorbild für mich: Du findest es unter: https://www.icf-muenchen.de/de/media/podcasts/ in der Serie: Good Question/Wie kann Gott so viel Leid zulassen?, letzter Aufruf am 01.03.2018.*

40 *Angelehnt an: Schulz von Thun, Friedemann: Die Anatomie einer Nachricht. In: Miteinander Reden. 1: Störungen und Klärungen. Reinbek bei Hamburg: Rohwolt, 1981.*

41 *Watzlawick, Paul: Anleitung zum Unglücklichsein. München: Verlag Piper, 1983.*

42 *Engeli, Manfred: Makarios: Der Weg, ein glücklicher Mensch zu werden. 3. Auflage. Freiburg: Neufeld Verlag, 2011, S.53.*

43 *Wie man mit dem Heiligen Geist kommunizieren kann,*
kannst du lernen und nachlesen in meinem Buch: »MOVE - Entdecke das Leben«.

44 *Und wenn es an dieser Stelle interessiert, woher ich nun die Lederjacke hatte: Mein Shoppingberater war*
unser Kinder- und Jugendpastor.

45 *http://www.lisaeheatelier.ch, letzter Aufruf am 02.03.2018.*

46 *Ortberg, John: Jeder ist normal, bis du ihn kennenlernst. Asslar: Gerth Medien, 2004.*

47 *Zum Lesen kann ich dir zu den bisher genannten Büchern noch empfehlen: Engeli, Manfred: Gottes Angebote. Final ausgerichtete Seelsorge. 2. Auflage. Schwarzenfeld: Neufeld Verlag, 2014, sowie: Patterson, Kerry/Grenny, Joseph/ McMillan, Ron/ Switzler, Al: Heilsame Konflikte. Beziehungen verbessern, Konflikte lösen. Wien: Linde Verlag, 2006.*

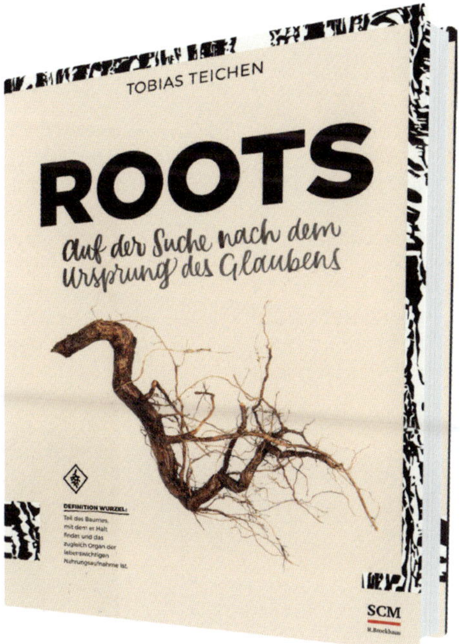

Tobias Teichen

Roots

Auf der Suche nach dem Ursprung des Glaubens

Wo komme ich her? Diese Frage stellen sich viele Menschen. Wir Christen haben einen langen Stammbaum, aufgeschrieben in der Bibel. Doch manchmal fällt es schwer, vor allem das Alte Testament richtig zu lesen und einen durchgängigen guten Plan in Gottes Wort zu erkennen. Wie passt der Gott des Alten Testaments mit dem des Neuen zusammen? Der Pastor des ICF München beleuchtet mit Hilfe der „Jesus-Brille" vor allem den ersten Teil der Bibel und geht den Wurzeln unseres Glaubens auf den Grund.

Gebunden, 19 x 26 cm, 240 S.
ISBN 978-3-417-26794-5

SCM
R.Brockhaus

Tobias Teichen

Move – Entdecke das Leben

Glauben ist mehr, als du denkst

Wer sich bewegt, kann Neues entdecken! Tobias Teichen, Pastor des ICF München, bläst den Staub von Konzepten und Begriffen wie Heiliger Geist, Bibel oder Buße, sodass deutlich wird, dass Gott auch in unserer Zeit modern und relevant ist. Der Vater im Himmel hat kein Interesse an platten Antworten und starren Denkmustern - sondern an einer lebendigen und dynamischen Beziehung.

Die stylische und durchgehend vierfarbige Gestaltung unterstreicht die starke Botschaft dieser Entdeckungsreise zu einem frischen Glauben.

Gebunden, 19 x 26 cm, 320 S.
ISBN 978-3-417-26671-9

SCM
R.Brockhaus